人工智能应用技术与
计算机教学研究

谭英丽 田雪莲 张智恒 ◎著

图书在版编目（CIP）数据

人工智能应用技术与计算机教学研究 / 谭英丽，田雪莲，张智恒著. -- 北京：中国商务出版社，2022.4
ISBN 978-7-5103-4200-4

Ⅰ.①人… Ⅱ.①谭… ②田… ③张… Ⅲ.①人工智能－应用－机器教学－教学研究 Ⅳ.①G434

中国版本图书馆CIP数据核字(2022)第049916号

人工智能应用技术与计算机教学研究
RENGONG ZHINENG YINGYONG JISHU YU JISUANJI JIAOXUE YANJIU

谭英丽　田雪莲　张智恒　著

出　　版	中国商务出版社
地　　址	北京市东城区安外东后巷28号　　邮　编：100710
责任部门	教育事业部（010-64283818）
责任编辑	刘姝辰
直销客服	010-64283818
总 发 行	中国商务出版社发行部　（010-64208388　64515150）
网购零售	中国商务出版社淘宝店　（010-64286917）
网　　址	http://www.cctpress.com
网　　店	https://shop162373850.taobao.com
邮　　箱	347675974@qq.com
印　　刷	北京四海锦诚印刷技术有限公司
开　　本	787毫米×1092毫米　1/16
印　　张	11.25	字　数：232千字
版　　次	2023年5月第1版	印　次：2023年5月第1次印刷
书　　号	ISBN 978-7-5103-4200-4
定　　价	60.00元

凡所购本版图书如有印装质量问题，请与本社印制部联系（电话：010-64248236）

版权所有　盗版必究　（盗版侵权举报可发邮件到本社邮箱：cctp@cctpress.com）

前　言

人工智能时代是一个以云计算、大数据、深度学习算法为基础，将 AI 技术向人类生产和生活的各个领域全面推进的时代。人工智能时代的到来，对企业的发展模式、人们的生活方式以及职业教育的发展都产生了深刻的影响。这一系列影响引发了新的人才需求，主要包括具有人工智能思维的人才、人工智能应用型人才以及跨界复合型人才。新的人才需求促使职业教育重新定位人才培养目标，即一种适应人工智能时代的人才培养目标。人工智能时代下职业教育人才培养目标的实现需要国家、区域和院校之间相互配合和协同努力。

随着人工智能技术的日益成熟，人工智能时代正加速到来。在新的时代，新技术和新产业蓬勃发展，促使工作模式发生了革命性变革，社会各个行业对人工智能都相当关注，所以研发人工智能具有十分重要的现实意义。基于此本书从人工智能的基础理论入手，对计算机教学设计、模式以及计算机教学人才培养进行了探究。全文充分体现了科学性、发展性、实用性、针对性等显著特点，希望其能够成为一本为相关研究提供参考和借鉴的专业学术著作，供人们阅读。

为了拓宽研究思路，丰富理论知识与实践表达，作者阅读了很多相关学科的著作与成功案例，吸取了大量交叉学科的知识并在书中采用，让研读的人能够真正清楚地理解这些内容，以便今后更好地实施。最后，书稿的完成还得益于前辈和同行的研究成果，具体已在参考文献中列出，在此一并表示诚挚的感谢！在写作过程中，作者参考了部分相关资料，获益良多。

目 录

第一章 人工智能理论基础 ·········· 1
第一节 人工智能的概念及发展 ·········· 1
第二节 人工智能的目标及内容 ·········· 7
第三节 人工智能的研究途径及领域 ·········· 10

第二章 人工智能云计算应用 ·········· 17
第一节 云计算的由来 ·········· 17
第二节 云计算的概念与特征 ·········· 20
第三节 云计算的商业模式 ·········· 23
第四节 云计算的创新应用 ·········· 29

第三章 人工智能大数据技术应用 ·········· 33
第一节 人工智能时代的主要数据源 ·········· 33
第二节 大数据特点、价值及组织战略 ·········· 35
第三节 大数据商业应用架构及前期准备 ·········· 38
第四节 大数据分析的过程及创新应用 ·········· 47

第四章 人工智能促进计算机课程教育改革 ·········· 57
第一节 计算机基础课程改革研究的背景 ·········· 57
第二节 计算机基础课程改革研究综述 ·········· 65
第三节 计算机基础课程改革研究的内容 ·········· 68
第四节 计算机基础课程改革研究的目标与意义 ·········· 71

第五章 人工智能与计算机教学人才培养 ·········· 73
第一节 人工智能与职校教育及人才需求 ·········· 73
第二节 人工智能时代下职校教育人才培养目标及实现路径 ·········· 78
第三节 人工智能技术在计算机网络教育中的应用及设计教学 ·········· 90
第四节 基于计算机网络教学的人工智能技术运用 ·········· 95

第六章　计算机教学创新设计···99

第一节　计算机教学的教学主体设计··99
第二节　计算机教学的内部因素设计··106
第三节　计算机教学的外部关系设计··116

第七章　计算机教学创新模式···125

第一节　微课资源概述··125
第二节　微课教学的理念设计与实践··134
第三节　微课教学模式开发与应用···142

第八章　计算机基础课程教学优化实践································155

第一节　混合式学习的理论基础···155
第二节　计算机基础课程混合式学习的设计··159
第三节　计算机基础课程混合式学习的实践··167

参考文献···171

第一章 人工智能理论基础

第一节 人工智能的概念及发展

人工智能(Artificial Intelligence,简记为 AI)是当前科学技术发展中的一门前沿学科,同时也是一门新思想、新观念、新理论、新技术不断出现的新兴学科以及正在迅速发展的学科。它是在计算机科学、控制论、信息论、神经心理学、哲学、语言学等多种学科研究的基础上发展起来的,因此又可把它看作是一门综合性的边缘学科。它的出现及所取得的成就引起了人们的高度重视,并得到了很高的评价。

一、人工智能的概念

(一)智能

什么是智能?智能的本质是什么?这是古今中外许多哲学家、脑科学家一直在努力探索和研究的问题,但至今仍然没有完全解决,以致被列为自然界四大奥秘(物质的本质、宇宙的起源、生命的本质、智能的发生)之一。近些年来,随着脑科学、神经心理学等研究的进展,对人脑的结构和功能积累了一些初步认识,但对整个神经系统的内部结构和作用机制,特别是脑的功能原理还没有完全搞清楚,有待进一步地探索。在此情况下,要从本质上对智能给出一个精确的、可被公认的定义显然是不现实的。目前,人们大多是把对人脑的已有认识与智能的外在表现结合起来,从不同的角度、不同的侧面,用不同的方法来对智能进行研究,提出的观点亦不相同。其中,影响较大的主要有思维理论、知识阈值理论及进化理论等。

思维理论来自认知科学。认知科学又称为思维科学,它是研究人们认识客观世界的规律和方法的一门科学,其目的在于揭开大脑思维功能的奥秘。该理论认为智能的核心是思维,人的一切智慧或智能都来自大脑的思维活动,人类的一切知识都是人们思维的产物,因而通过对思维规律与方法的研究可望揭示智能的本质。

知识阈值理论着重强调知识对于智能的重要意义和作用，认为智能行为取决于知识的数量及其一般化的程度，一个系统之所以有智能是因为它具有可运用的知识。在此认识的基础上，它把智能定义为：智能就是在巨大的搜索空间中迅速找到一个满意解的能力。这一理论在人工智能的发展史中有着重要的影响，知识工程、专家系统等都是在这一理论的影响下发展起来的。

进化理论是由美国麻省理工学院（MIT）的布鲁克（R. A. Brook）教授提出来的。1991年他提出了"没有表达的智能"，1992年又提出了"没有推理的智能"，这是他根据自己对人造机器动物的研究与实践提出的与众不同的观点。该理论认为人的本质能力是在动态环境中的行走能力、对外界事物的感知能力、维持生命和繁衍生息的能力，正是这些能力为智能的发展提供了基础，因此智能是某种复杂系统所浮现的性质。它是由许多部件交互作用产生的，智能仅仅由系统总的行为以及行为与环境的联系所决定，它可以在没有明显的可操作的内部表达的情况下产生，也可以在没有明显的推理系统出现的情况下产生。该理论的核心是用控制取代表示，从而取消概念、模型及显式表示的知识，否定抽象对于智能及智能模拟的必要性，强调分层结构对于智能进化的可能性与必要性。目前这一观点尚未形成完整的理论体系，有待进一步地研究，但由于它与人们的传统看法完全不同，因而引起了人工智能界的注意。

综合上述各种观点，可以认为智能是知识与智力的总和。其中，知识是一切智能行为的基础，而智力是获取知识并运用知识求解问题的能力，即在任意给定的环境和目标的条件下，正确制定决策和实现目标的能力，它来自人脑的思维活动。具体地说，智能具有下述特征：

1. 具有感知能力

感知能力是指人们通过视觉、听觉、触觉、味觉、嗅觉等感觉器官感知外部世界的能力。感知是人类最基本的生理、心理现象，是获取外部信息的基本途径，人类的大部分知识都是通过感知获取有关信息，然后经过大脑加工获得的。可以说如果没有感知，人们就不可能获得知识，也不可能引发各种各样的智能活动。因此，感知是产生智能活动的前提与必要条件。

人类的各种感知方式所起的作用是不完全一样的。大约80%以上的外界信息是通过视觉得到的，有10%是通过听觉得到的，这表明视觉与听觉在人类感知中占有主导地位。这就提示我们，在人工智能的机器感知方面，主要应加强机器视觉及机器听觉的研究。

2. 具有记忆与思维的能力

记忆与思维是人脑最重要的功能，亦是人们之所以有智能的根本原因所在。记忆用于存储由感觉器官感知到的外部信息以及由思维所产生的知识；思维用于对记忆的信息进行处理，即利用已有的知识对信息进行分析、计算、比较、判断、推理、联想、决策等。思维是一个动态过程，是获取知识以及运用知识求解问题的根本途径。

思维可分为逻辑思维、形象思维以及在潜意识激发下获得灵感而"忽然开窍"的顿悟思维等。其中，逻辑思维与形象思维是两种基本的思维方式。

逻辑思维又称为抽象思维，它是一种根据逻辑规则对信息进行处理的理性思维方式，反映了人们以抽象的、间接的、概括的方式认识客观世界的过程。在此过程中，人们首先通过感觉器官获得对外部事物的感性认识，经过初步概括、知觉定势等形成关于相应事物的信息，存储于大脑中，供逻辑思维进行处理。然后，通过匹配选出相应的逻辑规则，并且作用于已经表示成一定形式的已知信息，进行相应的逻辑推理（演绎）。通常情况下，这种推理都比较复杂，不可能只用一条规则做一次推理就可解决问题，往往要对第一次推出的结果再运用新的规则进行新一轮的推理，等等。至于推理是否会获得成功，这取决于两个因素：一是用于推理的规则是否完备；另一是已知的信息是否完善、可靠。如果推理规则是完备的，由感性认识获得的初始信息是完善、可靠的，则由逻辑思维可以得到合理、可靠的结论。逻辑思维具有如下特点：

一是依靠逻辑进行思维。

二是思维过程是串行的，表现为一个线性过程。

三是容易形式化，其思维过程可以用符号串表达出来。

四是思维过程具有严密性、可靠性，能对事物未来的发展给出逻辑上合理的预测，可使人们对事物的认识不断深化。

形象思维又称为直感思维，它是一种以客观现象为思维对象、以感性形象认识为思维材料、以意象为主要思维工具、以指导创造物化形象的实践为主要目的的思维活动。在思维过程中，它有两次飞跃。首先是从感性形象认识到理性形象认识的飞跃，即把对事物的感觉组合起来，形成反映事物多方面属性的整体性认识（即知觉），再在知觉的基础上形成具有一定概括性的感觉反映形式（即表象），然后经形象分析、形象比较、形象概括及组合形成对事物的理性形象认识。思维过程的第二次飞跃是从理性形象认识到实践的飞跃，即对理性形象认识进行联想、想象等加工，在大脑中形成新意象，然后回到实践中，接受实践的检验。这个过程不断循环，就构成了形象思维从低级到高级的运动发展。形象思维具有如下特点：

一是主要是依据直觉，即感觉形象进行思维。

二是思维过程是并行协同式的，表现为一个非线性过程。

三是形式化困难，没有统一的形象联系规则，对象不同、场合不同，形象的联系规则亦不相同，不能直接套用。

四是在信息变形或缺少的情况下仍有可能得到比较满意的结果。

由于逻辑思维与形象思维分别具有不同的特点，因而可分别用于不同的场合。当要求迅速做出决策但不要求十分精确时，可用形象思维，但当要求进行严格的论证时，就必须用逻辑思维；当要对一个问题进行假设、猜想时，需用形象思维，而当要对这些假设或猜想进行论证时，则要用逻辑思维。人们在求解问题时，通常把这两种思维方式结合起来使用，首先用形象思维给出假设，然后再用逻辑思维进行论证。

顿悟思维又称为灵感思维，它是一种显意识与潜意识相互作用的思维方式。在工作及日常生活中，我们都有过这样的体验：当遇到一个问题无法解决时，大脑就会处于一种极为活跃的思维状态，从不同角度用不同方法去寻求问题的解决方法，即所谓的"冥思苦想"。突然间，有一个"想法"从脑中涌现出来，它沟通了解决问题的有关知识，使人"茅塞顿开"，问题迎刃而解。像这样用于沟通有关知识或信息的"想法"通常被称为灵感。灵感也是一种信息，它可能是与问题直接有关的一个重要信息，也可能是一个与问题并不直接相关且不起眼的信息，只是由于它的到来"捅破了一层薄薄的窗纸"，使解决问题的智慧被启动起来。顿悟思维具有如下特点：

一是具有不定期的突发性。

二是具有非线性的独创性及模糊性。

三是它穿插于形象思维与逻辑思维之中，起着突破、创新、升华的作用。它比形象思维更复杂，至今人们还不能确切地描述灵感的具体实现以及它产生的机理。

最后还应该指出的是，人的记忆与思维是不可分的，它们总是相随相伴的，其物质基础都是由神经元组成的大脑皮质，通过相关神经元此起彼伏的兴奋与抑制实现记忆与思维活动。

3. 具有学习能力及自适应能力

学习是人的本能，每个人都在随时随地学习，既可能是自觉的、有意识的，也可能是不自觉、无意识的；既可以是有教师指导的，也可以是通过自己的实践。总之，人人都在通过与环境的相互作用，不断地进行着学习，并通过学习积累知识、增长才干，适应环境的变化，充实、完善自己。只是由于各人所处的环境不同、条件不同，学习的效果亦不相同，体现出不同的智能差异。

4. 具有行为能力

人们通常用语言或者某个表情、眼神及形体动作来对外界的刺激做出反应，传达某个信息，这称为行为能力或表达能力。如果把人们的感知能力看作是用于信息的输入，则行为能力就是用作信息的输出，它们都受到神经系统的控制。

二、人工智能

众所周知，世界国际象棋棋王卡斯帕罗夫与美国 IBM 公司的 RS/6000 SP（深蓝）计算机系统于 1997 年 5 月 3 日至 5 月 11 日进行了六局的"人机大战"，最终"深蓝"以 3.5

比 2.5 的总比分将卡斯帕罗夫击败，赢得了这场世人注目的"人机大战"。

比赛虽然结束了，但留给人们的思考却仍然在继续着。我们知道，下棋是一个斗智、斗策的过程，不仅要求参赛者具有超凡的记忆能力、丰富的下棋经验，而且还要有很强的思维能力，能对瞬息万变的情况迅速地做出反应，及时地采取措施进行有效的处理，否则就会造成一着失误而全盘皆输的可悲局面。对于人类说，这显然是一种智能的表现，但对计算机来说，这又意味着什么？人们自然会问，计算机作为一种电子数字机器，怎么会有类似于人的智能呢？这正是人工智能这门学科要研究并解决的问题。

顾名思义，所谓人工智能就是用人工的方法在机器（计算机）上实现的智能；或者说是人类智能在机器上的模拟；或者说是人们使机器具有类似于人的智能。由于人工智能是在机器上实现的，因此又可称之为机器智能。又由于机器智能是模拟人类智能的，因此又可称它为模拟智能。

现在，"人工智能"这个术语已被用作"研究如何在机器上实现人类智能"这门学科的名称。从这个意义上说，可把它定义为：人工智能是一门研究如何构造智能机器（智能计算机）或智能系统，使它能模拟、延伸、扩展人类智能的学科。通俗地说，人工智能就是要研究如何使机器具有能听、会说、能看、会写、能思维、会学习、能适应环境变化、能解决各种面临的实际问题等功能的一门学科。总之，它是要使机器能做需要人类智能才能完成的工作，甚至比人更高明。

关于"人工智能"的含义，早在它正式作为一门学科出现之前，就由英国数学家图灵（A. M. Turing）这位超时代的天才提了出来。1950 年他发表了题为"计算机与智能"（*Computing Machinery and Intelligence*）的论文，文章以"机器能思维吗？"开始论述并提出了著名的"图灵测试"，形象地指出了什么是人工智能以及机器应该达到的智能标准，现在许多人仍把它作为衡量机器智能的准则。尽管学术界目前存在着不同的看法，但它对人工智能这门学科的发展所产生的深远影响却是功不可没的。图灵在这篇论文中指出不要问一个机器是否能思维，而是要看它能否通过如下测试：分别让人与机器位于两个房间里，他们可以通话，但彼此都看不到对方，如果通过对话，作为人的一方不能分辨对方是人还是机器，那么就可认为对方的那台机器达到了人类智能的水平。为了进行这个测试，图灵还用他丰富的想象力设计了一个很有趣且智能性很强的对话内容，称为"图灵的梦想"。在这个对话中，"询问者"代表人，"智者"代表机器，并且假设他们都阅读过狄更斯（C. Dickens）所著的名为《匹克威克外传》的小说。

通过他们的对话可以看出，要使机器达到人类智能的水平，或者正如有些学者所说的那样超过人类智能的水平，该是一件多么艰巨的工作。但是，人工智能的研究正在朝着这个方向前进着，图灵的梦想总有一天会变成现实。

若以图灵的标准来衡量本段开始时所提到的"深蓝"计算机，它当然还不是一台智能计算机，连开发该计算机系统的 IBM 专家也承认它离智能计算机还相差甚远，但它毕竟以自己高速运行的计算能力（2×10^8 步/s 棋的计算速度）实现了人类智能在机器上的部分模拟，在人工智能的研究道路上迈出了可喜的一步。

三、人工智能的发展简史

"人工智能"是在1956年作为一门新兴学科的名称被正式提出的。自此之后，它已取得了惊人的成就，获得了迅速的发展。毫无疑问，现在它已经成为人类科学技术中一门充满生机和希望的前沿学科。

（一）孕育（1956年之前）

人工智能之所以能取得今日的成就，以一门充满活力且备受世人瞩目的学科屹立于世界高科技之林，这是与几代科学技术工作者长期坚持不懈地努力分不开的，是各有关学科共同发展的结果。

自古以来，人们就一直试图用各种机器来代替人的部分脑力劳动，以提高征服自然的能力。其中对人工智能的产生、发展有重大影响的主要研究及其贡献有：

第一，早在公元前，伟大的哲学家亚里士多德（Aristotle）就在他的名著《工具论》中提出了形式逻辑的一些主要定律，他提出的三段论至今仍是演绎推理的基本依据。

第二，英国哲学家培根（F. Bacon）曾系统地提出了归纳法，还提出了"知识就是力量"的警句，这对于研究人类的思维过程，以及自20世纪70年代人工智能转向以知识为中心的研究都产生了重要影响。

第三，德国数学家莱布尼茨（G. Leibniz）提出了万能符号和推理计算的思想，他认为可以建立一种通用的符号语言以及在此符号语言上进行推理的演算。这一思想不仅为数理逻辑的产生和发展奠定了基础，而且是现代机器思维设计思想的萌芽。

第四，英国逻辑学家布尔（G. Boole）创立了布尔代数，他在《思维法则》一书中首次用符号语言描述了思维活动的基本推理法则。

第五，英国数学家图灵对人工智能的贡献在前面已经提及，还值得一提的是他在1936年提出了一种理想计算机的数学模型，即图灵机，这为后来电子数字计算机的问世奠定了理论基础。

第六，美国神经生理学家麦克洛奇（W. McCulloch）与匹兹（W. Pitts）在1943年建成了第一个神经网络模型（M-P模型），开创了微观人工智能的研究工作，为后来人工神经网络的研究奠定了基础。

第七，美国数学家莫克利（J. W. Mauchly）和埃柯特（J. P. Eckert）在1946年研制出了世界上第一台电子数字计算机ENIAC，这项划时代的研究成果为人工智能的研究奠定了物质基础。

由上面的叙述不难看出，人工智能的产生和发展绝不是偶然的，它是科学技术发展的必然产物，是历史赋予科学工作者的一项光荣而艰巨的使命，客观上的条件已经基本具备，何时出现只是时间以及由谁来领头倡导的问题了。

（二）发展（1970年以后）

进入20世纪70年代后，人工智能的研究已不仅仅局限于少数几个国家，许多国家都相继开展了这方面的研究工作，研究成果大量涌现。例如1972年法国马赛大学的科麦瑞尔（A. C-omerauer）提出并实现了逻辑程序设计语言PROLOG；斯坦福大学的肖特里菲（E. H. S-hortliffe）等人从1972年开始研制用于诊断和治疗感染性疾病的专家系统MYCIN。更值得一提的是，1970年创刊了国际性的人工智能杂志（*Artificial Intelligence*），它对推动人工智能的发展，促进研究者们的交流起到了重要作用。

但是，前进的道路并不是平坦的，对于一个刚刚问世10多年的新兴学科来说更是这样。正当研究者们在已有成就的基础上向更高标准攀登的时候，困难与问题也接踵而来。例如，塞缪尔的下棋程序与世界冠军对弈时，五局中败了四局。机器翻译中也出了不少问题，当时人们总以为只要用一部双向词典及一些词法知识就可以实现两种语言文字间的互译，结果发现远非这么简单。

然而，人工智能研究的先驱者们在困难和挫折面前并没有退缩，没有动摇他们继续进行研究的决心。经过认真地反思、总结前一段研究的经验及教训，费根鲍姆关于以知识为中心开展人工智能研究的观点被大多数人接受。从此人工智能的研究又迎来了蓬勃发展的新时期，即以知识为中心的时期。

自人工智能从对一般思维规律的探讨转向以知识为中心的研究以来，专家系统的研究在多个领域中取得了重大突破，各种不同功能、不同类型的专家系统如雨后春笋般地建立起来，产生了巨大的经济效益及社会效益，令人刮目相看。

专家系统的成功，使人们越来越清楚地认识到知识是智能的基础，对人工智能的研究必须以知识为中心来进行。由于对知识的表示、利用、获取等的研究取得了较大的进展，特别是对不确定性知识的表示与推理取得了突破，建立了主观Bayes理论、确定性理论、证据理论、可能性理论等，这就对人工智能中其他领域（如模式识别、自然语言理解等）的发展提供了支持，解决了许多理论及技术上的问题。

第二节 人工智能的目标及内容

一、人工智能的研究目标

关于人工智能的研究目标，在由MIT不久前出版的新书*Artificial Intelligence at MIT.*

Expanding Frontiers 中作了明确的论述:"它的中心目标是使计算机有智能,一方面是使它们更有用,另一方面是理解使智能成为可能的原理。"显然,人工智能研究的目标是构造可实现人类智能的智能计算机或智能系统。它们都是为了"使得计算机有智能",为了实现这一目标,就必须开展"使智能成为可能的原理"的研究。

研制像图灵所期望那样的智能机器,使它不仅能模拟而且可以延伸、扩展人的智能,是人工智能研究的根本目标。为实现这个目标,就必须彻底搞清楚使智能成为可能的原理,同时还需要相应硬件及软件的密切配合,这涉及脑科学、认知科学、计算机科学、系统科学、控制论、微电子学等多种学科,依赖于它们的协同发展。但是,这些学科的发展目前还没有达到所要求的水平。就以目前使用的计算机来说,其体系结构是集中式的,工作方式是串行的,基本元件是二态逻辑,而且刚性连接的硬件与软件是分离的,这就与人类智能中分布式的体系结构、串行与并行共存且以并行为主的工作方式、非确定性的多态逻辑等不相适应。正如图灵奖获得者威尔克斯 (M. V. Wilkes) 最近在评述人工智能研究的历史与展望时所说的那样:图灵意义下的智能行为超出了电子数字计算机所能处理的范围。由此不难看出,像图灵所期望那样的智能机器在目前还是难以实现的。因此,可把构造智能计算机作为人工智能研究的远期目标。

人工智能研究的近期目标是使现有的电子数字计算机更聪明、更有用,使它不仅能做一般的数值计算及非数值信息的数据处理,而且能运用知识处理问题,能模拟人类的部分智能行为。针对这一目标,人们就要根据现有计算机的特点研究实现智能的有关理论、技术和方法,建立相应的智能系统,例如目前研究开发的专家系统、机器翻译系统、模式识别系统、机器学习系统、机器人等。

人工智能研究的远期目标与近期目标是相辅相成的。远期目标为近期目标指明了方向,而近期目标的研究则为远期目标的最终实现奠定了基础,做好了理论及技术上的准备。另外,近期目标的研究成果不仅可以造福于当代社会,还可进一步增强人们对实现远期目标的信心,消除疑虑。人工智能的创始人麦卡锡曾经告诫说:"我们正处在一个让人们认为是魔术师的局面,我们不能忽视这种危险。"这大概也是为了强调近期研究目标的重要性,希望以更多的研究成果证明人工智能是可以实现的,它不是虚幻的。

最后还应该指出的是,近期目标与远期目标之间并无严格的界限。随着人工智能研究的不断深入、发展,近期目标将不断地变化,逐步向远期目标靠近,近年来在人工智能各个领域中所取得的成就充分说明了这一点。

二、人工智能研究的基本内容

在人工智能的研究中有许多学派,例如,以麦卡锡与尼尔逊 (N. J. Nilsson) 为代表的逻辑学派 (研究基于逻辑的知识表示及推理机制);以纽厄尔和西蒙为代表的认知学派 (研究对人类认知功能的模拟,试图找出产生智能行为的原理);以费根鲍姆为代表的知识工程学派（研究知识在人类智能中的作用与地位，提出了知识工程的概念）；以麦克莱伦德（J. L. McClelland）和鲁梅尔哈特（J. D. Rumelhart）为代表的连接学派（研究神经网络）；以贺威特（C. Hewitt）为代表的分布式学派（研究多智能系统中的知识与行为）以及以布鲁克为代表的进化论学派等。不同学派的研究内容与研究方法都不相同。另外，人工智能又有多种研究领域，各个研究领域的研究重点亦不相同。再者，在人工智能的不同发展阶段，研究的侧重点也有区别，本来是研究重点的内容一旦理论上及技术上的问题都得到了解决，就不再成为研究内容。因此我们只能在较大的范围内讨论人工智能的基本研究内容。结合人工智能的远期目标，我们认为人工智能的基本研究内容应包括以下几个方面：

（一）机器感知

所谓机器感知就是使机器（计算机）具有类似于人的感知能力，其中以机器视觉与机器听觉为主。机器视觉是让机器能够识别并理解文字、图像、物景等；机器听觉是让机器能识别并理解语言、声响等。

机器感知是机器获取外部信息的基本途径，是使机器具有智能不可缺少的组成部分，正如人的智能离不开感知一样，为了使机器具有感知能力，就需要为它配置上能"听"、会"看"的感觉器官，对此人工智能中已经形成了两个专门的研究领域，即模式识别与自然语言理解。

（二）机器思维

所谓机器思维是指对通过感知得来的外部信息及机器内部的各种工作信息进行有目的的处理。正像人的智能是来自大脑的思维活动一样，机器智能也主要是通过机器思维实现的。因此，机器思维是人工智能研究中最重要、最关键的部分。为了使机器能模拟人类的思维活动，使它能像人那样既可以进行逻辑思维，又可以进行形象思维，需要开展以下几方面的研究工作：

一是知识的表示，特别是各种不精确、不完全知识的表示；

二是知识的组织、累积、管理技术；

三是知识的推理，特别是各种不精确推理、归纳推理、非单调推理、定性推理等；

四是各种启发式搜索及控制策略；

五是神经网络、人脑的结构及其工作原理。

（三）机器学习

人类具有获取新知识、学习新技巧，并在实践中不断完善、改进的能力，机器学习就是要使计算机具有这种能力，使它能自动地获取知识，能直接向书本学习，能通过与人谈话学习，能通过对环境的观察学习，并在实践中实现自我完善，克服人们在学习中存在的局限性，例如容易忘记、效率低以及注意力分散等。

（四）机器行为

与人的行为能力相对应，机器行为主要是指计算机的表达能力，即"说""写""画"等。对于智能机器人，它还应具有人的四肢功能，即能走路、能取物、能操作等。

（五）智能系统及智能计算机的构造技术

为了实现人工智能的近期目标及远期目标，就要建立智能系统及智能机器，为此需要开展对模型、系统分析与构造技术、建造工具及语言等的研究。

第三节 人工智能的研究途径及领域

一、人工智能的研究途径

自人工智能作为一门学科面世以来，关于它的研究途径主要有两种不同的观点。一种观点主张用生物学的方法进行研究，搞清楚人类智能的本质；另一种观点主张通过运用计算机科学的方法进行研究，实现人类智能在计算机上的模拟。前一种方法称为以网络连接为主的连接机制方法，后一种方法称为以符号处理为核心的方法。

（一）以符号处理为核心的方法

以符号处理为核心的方法又称为自上而下方法或符号主义。这种方法起源于 20 世纪 50 年代中期，是在纽厄尔与西蒙等人研究的通用问题求解系统 GPS 中首先提出来的，用于模拟人类求解问题的心理过程，逐渐形成物理符号系统。坚持这种方法的人认为，人工智能的研究目标是实现机器智能，而计算机自身具有符号处理的推算能力，这种能力本身就蕴含着演绎推理的内涵，因而可通过运行相应的程序系统来体现出某种基于逻辑思维的智能行为，达到模拟人类智能活动的效果。目前人工智能的大部分研究成果是基于这种方法实现的。由于该方法的核心是符号处理，因此人们把它称为以符号处理为核心的方法或符号主义。

该方法的主要特征是：

一是立足于逻辑运算和符号操作，适合于模拟人的逻辑思维过程，解决需要进行逻辑推理的复杂问题。

二是知识可用显式的符号表示，在已知基本规则的情况下，无须输入大量的细节知识。

三是便于模块化，当个别事实发生变化时易于修改。

四是能与传统的符号数据库进行链接。

五是可对推理结论做出解释，便于对各种可能性进行选择。

但是，人们并非仅仅依靠逻辑推理来求解问题，有时非逻辑推理在求解问题的过程中起着更重要的作用，甚至是决定性的作用。人的感知过程主要是形象思维，这是逻辑推理做不到的，因而无法用符号方法进行模拟。另外，用符号表示概念时，其有效性在很大程度上取决于符号表示的正确性，当把有关信息转换成推理机构能进行处理的符号时，将会丢失一些重要信息，它对带有噪声的信息以及不完整的信息也难以进行处理。这就表明单凭符号方法来解决智能中的所有问题是不可能的。

（二）以网络连接为主的连接机制方法

以网络连接为主的连接机制方法是近些年比较热门的一种方法，它属于非符号处理范畴，是在人脑神经元及其相互连接而成网络的启示下，试图通过许多人工神经元间的并行协同作用来实现对人类智能的模拟。这种方法又称为自下而上方法或连接主义。坚持这种方法的人认为，大脑是人类一切智能活动的基础，因而从大脑神经元及其连接机制着手进行研究，搞清楚大脑的结构以及它进行信息处理的过程与机理，可望揭示人类智能的奥秘，从而真正实现人类智能在机器上的模拟。

该方法的主要特征是：

一是通过神经元之间的并行协同作用实现信息处理，处理过程具有并行性、动态性、全局性。

二是通过神经元间分布式的物理联系存储知识及信息，因而可以实现联想功能，对于带有噪声、缺损、变形的信息能进行有效处理，取得比较满意的结果。例如用该方法进行图像识别时，即使图像发生了畸变，也能进行正确识别。该方法在模式识别、图像信息压缩等方面都取得了一些研究成果。

三是通过神经元间连接强度的动态调整来实现对人类学习、分类等的模拟。

四是适合于模拟人类的形象思维过程。

五是求解问题时，可以比较快地求得一个近似解。

但是，这种方法不适合模拟人们的逻辑思维过程，而且就神经网络的研究现状来看，由固定的体系结构与组成方案所构成的系统还达不到开发多种多样知识的要求，因此单靠连接机制方法来解决人工智能中的全部问题也是不现实的。

（三）系统集成

由上面的讨论可以看出，符号方法与连接机制方法各有所长，也各有所短。符号方法善于模拟人的逻辑思维过程，求解问题时，如果问题有解，它可以准确地求出最优解，但是求解过程中的运算量将随问题复杂性的增加而呈指数性的增长；另外，符号方法要求知识与信息都用符号表示，但这一形式化的过程须由人来完成，它自身不具有这一能力。连接机制方法善于模拟人的形象思维过程，求解问题时，由于它可以并行处理，因而可以比较快地得到解，但解一般是近似的、次优的；另外，连接机制方法求解问题的过程是隐式的，难以对求解过程给出显式的解释。在这一情况下，如果能将两者结合起来，就可达到取长补短的目的。再者，就人类的思维过程来看，逻辑思维与形象思维只是人类智能中思维方式的两个方面。一般来说，人在求解问题时都是两种思维方式并用的，通过形象思维得到一个直觉的解或给出一种假设，然后用逻辑思维进行仔细的论证或搜索，最终得到一个最优解。因此，从模拟人类智能的角度来看，也应该将两者结合起来。著名的人工智能学者明斯基、西蒙、纽厄尔等在总结人工智能所走过的曲折道路时，都指出了把两种方法结合起来的重要性，纽厄尔还发出了建立"集成智能系统"的强烈呼吁。看来，把两种方法结合在一起进行综合研究，是模拟智能研究的一条必由之路。

当然，由于两种方法存在着太多的不同，因此要把它们结合起来有许多困难需要克服。例如，如何用形象思维得出逻辑规则？如何用逻辑思维去证实形象思维的结果？两种思维方式间信息如何转换与传递？等等。目前，国内外学者都开展了相应的研究工作，例如 MCC 公司的人工智能实验室在里奇（E. Rich）的领导下就开展了建造一个可用于过程控制的集成系统的研究工作，取得了一定的进展。

就目前的研究而言，把两种方法结合起来的途径主要有两种：一种是结合，即两者分别保持原来的结构，但密切合作，任何一方都可把自己不能解决的问题转化给另一方；另一种是统一，即把两者自然地统一在一个系统中，既有逻辑思维的功能，又有形象思维的功能。

最简单的结合方法是所谓的"黑盒/细线"结构（Black-box/thin-wire）。每一个盒子或者是一个符号处理系统，或者是一个人工神经网络。盒子与盒子之间通过一个"细线"，即带宽很窄的信道进行通信，但任何一方都不知道另一方的内部情形。除了这种结构形式外，目前还有另外一些混合体系结构，如黑盒模块化（Black-box modularity）、并行管理和控制（Parallel management and control）、神经网络的符号化机制（The symbolic setup of a neural net）、符号信息的神经网络获取方式（Neural net acquisition of symbolic information）、两院制结构（Bicameral archi-tecture）等。其中，在两院制结构中大多数知识同时用人工神经网络和符号形式表示，每部分以各自的推理机制工作，在必要时可从一种形式中抽取知识并将其转换为另一种形式，所以，尽管知识是以两种形式表示的，但实质上是共享的。

史密斯（M. L. Smith）为 Eaton 公司开发的汽车紧急刹车平衡系统是集成系统的一个典型例子。这个系统包括两个基于知识的单元和五个神经网络子系统。首先由操作人员从平衡分析器手工输入信息和事实数据到一个基于规则的预处理器，然后再把这些数据同时加入五个神经网络子系统中。前面的系统把分析器的原始数据以图形方式显示，供专家分析。每个神经网络子系统对相应于每个图的数据按好坏进行分类。最后，这些判断以符号形式输入第二个基于规则的诊断系统，该系统对其进行分析，并在适当的时候建议刹车系统复原。

二、人工智能的研究领域

目前，人工智能的研究更多的是结合具体领域进行的，主要研究领域有专家系统、机器学习、模式识别等。

（一）专家系统

专家系统是目前人工智能中最活跃、最有成效的一个研究领域。自费根鲍姆等研制出第一个专家系统 DENDRL 以来，它已获得了迅速发展，广泛地应用于医疗诊断、地质勘探、石油化工、教学、军事等各个方面，产生了巨大的社会效益和经济效益。

专家系统是一种基于知识的系统，它从人类专家那里获得知识，并用来解决只有专家才能解决的困难问题。因此可以这样来定义专家系统：专家系统是一种具有特定领域内大量知识与经验的程序系统，它应用人工智能技术、模拟人类专家求解问题的思维过程求解领域内的各种问题，其水平可以达到甚至超过人类专家的水平。

（二）机器学习

知识是智能的基础，要使计算机有智能，就必须使它有知识，但如何使计算机具有知识呢？通常有两种方法：一种是人们把有关知识归纳、整理在一起，并用计算机可接受、处理的方式输入计算机中去；另一种是使计算机自身具有学习能力，它可以直接向书本、向教师学习，亦可以在实践过程中不断总结经验、吸取教训，实现自身的不断完善，后一种方式一般称为机器学习。

作为人工智能的一个研究领域，它主要研究如何使计算机具有类似于人的学习能力，使计算机能通过学习自动地获取知识及技能，实现自我完善。为达到这一目标，它将开展三个方面的研究，即人类学习机理的研究、学习方法的研究以及建立面向具体任务的学习系统。

机器学习是一个难度较大的研究领域，它与脑科学、神经心理学、计算机视觉、计算机听觉等都有密切联系，依赖于这些学科的共同发展。因此，经过近些年的研究，虽然已经取得了很大进展，提出了多种学习方法，但并未从根本上解决问题。

（三）模式识别

机器感知是机器智能的一个重要方面，是机器获取外部信息的基本途径。模式识别就是研究如何使机器具有感知能力的一个研究领域，其中主要研究对视觉模式及听觉模式的识别。

模式是对一个物体或者某些其他感兴趣实体定量的或者结构的描述，而模式类是指具有某些共同属性的模式集合。用机器进行模式识别的主要内容是研究一种自动技术，依靠这种技术，机器就可自动地或者人尽可能少干预地把模式分配到它们各自的模式类中去。

传统的模式识别方法主要有统计模式识别与结构模式识别这两大类。近年来迅速发展的模糊数学及人工神经网络技术已经深入模式识别中，出现了模糊模式识别及神经网络模式识别的提法，特别是新兴的神经网络方法在模式识别领域中有着巨大的发展潜力。

（四）自然语言理解

目前人们使用计算机时，大都是用计算机的高级语言（如 C 语言、Fortran 语言等）编制程序来告诉计算机"做什么"以及"怎样做"的，这只有经过相当训练的人才能做到，对计算机的利用带来了诸多不便，严重阻碍了计算机应用的进一步推广。如果能让计算机"听懂""看懂"人类自身的语言（如汉语、英语、法语等），那将使更多的人可以使用计算机，大大提高计算机的利用率。自然语言理解就是研究如何让计算机理解人类自然语言的一个研究领域。具体地说，它要达到如下三个目标：

一是计算机能正确理解人们用自然语言输入的信息，并能正确回答输入信息中的有关问题。

二是对输入信息，计算机能产生相应的摘要，能用不同词语复述输入信息的内容。

三是计算机能把用某一种自然语言表示的信息自动地翻译为另一种自然语言。例如把英语翻译成汉语，或把汉语翻译成英语，等等。

（五）自动定理证明

自动定理证明是人工智能中最先进行研究并得到成功应用的一个研究领域，同时它也为人工智能的发展起到了重要的推动作用。

定理证明的实质是对前提 P 和结论 Q，证明 $P \rightarrow Q$ 的永真性。但是，要直接证明 $P \rightarrow Q$ 的永真性一般来说是很困难的，通常采用的方法是反证法。在这方面海伯伦（Herbrand）与鲁宾逊(Robinson)先后进行了卓有成效的研究，提出了相应的理论及方法，为自动定理证明奠定了理论基础。尤其是鲁宾逊提出的归结原理使定理证明得以在计算机上实现，对机器推理做出了重要贡献。

（六）自动程序设计

自动程序设计包括程序综合与程序正确性验证两个方面的内容。程序综合用于实现自动编程，即用户只须告诉计算机要"做什么"，无须说明"怎样做"，计算机就可自动实现程序的设计。程序正确性的验证是要研究出一套理论和方法，通过运用这套理论和方法就可证明程序的正确性。目前常用的验证方法是用一组已知其结果的数据对程序进行测试，如果程序的运行结果与已知结果一致，就认为程序是正确的。这种方法对于简单程序来说未必不可，但对于一个复杂系统来说就很难行得通。因为复杂程序中存在着纵横交错的复杂关系，形成难以计数的通路，用于测试的数据即使很多，也难以保证对每一条通路都能进行测试，这就不能保证程序的正确性。程序正确性的验证至今仍是一个比较困难的课题，有待进一步开展研究。

（七）机器人学

机器人是指可模拟人类行为的机器。人工智能的所有技术几乎都可在它身上得到应用，因此它可被当作人工智能理论、方法、技术的试验场地。反过来，对机器人学的研究又大大推动了人工智能研究的发展。

自 20 世纪 60 年代初研制出尤尼梅特和沃莎特兰这两种机器人以来，机器人的研究已经从低级到高级经历了三代的发展历程，它们是：

1. 程序控制机器人（第一代）

第一代机器人是程序控制机器人，它完全按照事先装入机器人存储器中的程序安排的步骤进行工作。程序的生成及装入有两种方式：一种是由人根据工作流程编制程序并将它输入机器人的存储器中；另一种是"示教—再现"方式。所谓"示教"是指在机器人第一次执行任务之前，由人引导机器人去执行操作，即教机器人去做应做的工作，机器人将其所有动作一步步地记录下来，并将每一步表示为一条指令，示教结束后机器人通过执行这些指令（即再现）以同样的方式和步骤完成同样的工作。如果任务或环境发生了变化，则要重新进行程序设计。这一代机器人能成功地模拟人的运动功能，它们会拿取和安放、会拆卸和安装、会翻转和抖动，能尽心尽职地看管机床、熔炉、焊机、生产线等，能有效地从事安装、搬运、包装、机械加工等工作。

2. 自适应机器人（第二代）

第二代机器人的主要标志是自身配备有相应的感觉传感器，如视觉传感器、触觉传感器、听觉传感器等，并用计算机对之进行控制。这种机器人通过传感器获取作业环境、操作对象的简单信息，然后由计算机对获得的信息进行分析、处理，控制机器人的动作。由于它能随着环境的变化而改变自己的行为，故称为自适应机器人。目前，这一代机器人也已经进入商品化阶段，主要从事焊接、装配、搬运等工作。第二代机器人虽然具有一些初级的智能，但还没有达到完全"自治"的程度，有时也称这类机器人为人—眼协调型机器人。

3. 智能机器人（第三代）

这是指具有类似于人的智能的机器人，即它具有感知环境的能力，配备有视觉、听觉、触觉、嗅觉等感觉器官，能从外部环境中获取有关信息；具有思维能力，能对感知到的信息进行处理，以控制自己的行为；具有作用于环境的行为能力，能通过传动机构使自己的"手""脚"等肢体行动起来，正确、灵巧地执行思维机构下达的命令。目前研制的机器人大都只具有部分智能，真正的智能机器人还处于研究之中。

（八）博弈

诸如下棋等一类竞争性的智能活动称为博弈。人工智能研究博弈的目的并不是为了让计算机与人进行下棋、打牌之类的游戏，而是通过对博弈的研究来检验某些人工智能技术是否能达到对人类智能的模拟，因为博弈是一种智能性很强的竞争活动。另外，通过对博弈过程的模拟可以促进人工智能技术的研究。人们对博弈的研究一直抱有极大的兴趣，早在 1956 年人工智能刚刚作为一门学科问世时，塞缪尔就研制出了跳棋程序；1991 年 8 月在悉尼举行的第 12 届国际人工智能联合会议上，IBM 公司研制的 Deep Thought 2 计算机系统就与澳大利亚国际象棋冠军约翰森（D. Johansen）举行了一场人机对抗赛，结果以 1∶1 平局告终；再就是 1996 年 2 月以及 1997 年 5 月"深蓝"与卡斯帕罗夫所进行的两次人—机大战。

（九）智能决策支持系统

智能决策支持系统是近年来新兴的一个研究领域，它是把人工智能的有关技术应用于决策支持系统领域而形成的。由于决策支持系统与人工智能原本是平行发展的两个学科，有各自的研究方法与发展道路，因而要将两者结合起来尚须解决许多技术上的困难问题。

（十）人工神经网络

人工神经网络是一个用大量简单处理单元经广泛连接而组成的人工网络，用来模拟大脑神经系统的结构和功能。早在 1943 年，神经心理学家麦克洛奇和数学家皮兹就提出了形式神经元的数学模型（M-P 模型），从此开创了神经科学理论研究的时代，1944 年赫布（Hebb）提出了改变神经元连接强度的 Hebb 规则，它们至今仍在各种神经网络模型的研究中起着重要的作用。20 世纪 60 年代至 70 年代，由于神经网络研究自身的局限性，致使其研究陷入了低潮，但到 80 年代由于霍普菲尔特（J. J. Hopfield）提出了 HNN 模型，从而有力地推动了神经网络的研究，由此又使人工神经网络的研究进入了一个新的发展时期，取得了许多研究成果。现在它已经成为人工智能中一个极其重要的研究领域。

第二章 人工智能云计算应用

第一节 云计算的由来

随着时间的推移，我们的存储设备外形越来越小，内存却越来越大，而这种"无限小"和"无限大"的趋势也将继续向它的极值飞跃。终于在 2006 年，人们归纳并总结了这一技术，还给其起了一个好听的名字，自此"云"应运而生。

名字虽新，但是"云"所涵盖的内容却并不陌生，从互联网诞生以来就一直存在。而随着"云"的出现，其后附加的技术、服务、计算的概念的含金量也都跟着翻番、升级。

在云计算概念诞生之前，很多公司就可以通过互联网提供诸多服务，比如订票、地图、搜索，以及其他硬件租赁业务。随着服务内容和用户规模的不断增加，对于服务的可靠性、可用性的需求急剧增加，这种需求的变化通过集群等方式很难满足，需要通过在各地建设数据中心来达成。对于像 Google 和 Amazon（亚马逊）这样有实力的大公司来说，有能力建设分散于全球各地的数据中心来满足各自业务发展的需求，并且有富余的可用资源，于是 Google、Amazon 等就可以将自己的基础设施能力作为服务提供给相关的用户，这就是云计算的由来。在云计算的概念诞生之后，从 IBM、Google、Amazon 至 Dell、Microsoft 等，这些公司都在不遗余力地推进云计算的发展，并且都从各自的角度诠释着云计算以及相关的应用。

早在 20 世纪 60 年代麦卡锡（John McCarthy）就提出了把计算能力作为一种像水和电一样的公共事业提供给用户。云计算的第一个里程碑是 1999 年 Salesforce.com 提出的通过网站提供企业级的应用的概念；另一个重要进展是 2002 年亚马逊提供一组包括存储空间、计算能力甚至人力智能等资源服务的 Web Service；2005 年亚马逊又提出了弹性计算云（Elastic Compute Cloud），也称亚马逊 EC2 的 Web Service，允许小企业和私人租用亚马逊的计算机来运行他们自己的应用。到 2008 年，几乎所有的主流 IT 厂商都开始谈论云计算，这里既包括硬件厂商（IBM、HP、Intel、Cisco、SUN 等）、软件厂商（Microsoft、Oracle、VMware 等），也包括互联网服务提供商（Google、Amazon、Salesforce 等）和电信运营商（中国移动、中国电信等），当然还有一些小的 IT 企业也将云计算作为企业发展战略。这些企业覆盖了整个 IT 产业链，也构成了完整的云计算生态系统。

一、思想演化

云计算是指将计算分布在大量的分布式计算机上，而非本地计算机或者远程服务器中。企业数据中心的运行将与互联网更相似，这使得企业能够将资源切换到需要的应用上，根据需求访问计算机和存储系统，这好比是从古老的单台发电机模式转向了电厂集中供电的模式，它意味着计算能力也可以作为一种商品进行流通，就像煤气、水电一样，取用方便，费用低廉。云计算最大的不同在于，它是通过互联网进行传输的。

云计算在思想方面主要经历了四个阶段才发展到如今比较成熟的水平，这四个阶段按照时间顺序依次是电厂模式、效用计算、网格计算和云计算。

（一）电厂模式

由于 IT 行业是一个相对新兴的行业，所以从其他行业取经是其发展不可或缺的一步，例如从建筑行业引入"模式"这个概念。虽然在 IT 界，"电厂"这个概念不像"模式"那样炙手可热，但其影响是深远的，而且有许许多多的 IT 人在不断地实践着这个理念。电厂模式的意思是利用电厂的规模效应来降低电力的价格，并让用户使用起来更方便，且无须购买和维护任何发电设备。

（二）效用计算

在 1960 年左右，当时计算设备的价格是非常高昂的，远非普通企业、学校和机构所能承受，所以很多人产生了共享计算资源的想法。特别是在 1961 年，"人工智能之父"麦卡锡在一次会议上提出了"效用计算"（Utility computing）这个概念，其核心是借鉴了上面所提到的电厂模式，具体目标是整合分散在各地的服务器、存储系统以及应用程序来共享给多个用户，让用户像把灯泡插入灯座一样来使用计算机资源，并且根据其所使用的量来付费。但由于当时整个 IT 产业还处于发展初期，很多强大的技术还未诞生，比如互联网，所以虽然这个想法一直都为人称道，但是总体而言却"叫好不叫座"。直到 Internet 迅速发展和成熟后，才使效用计算成为可能，它解决了传统计算机资源、网络以及应用程序的使用方法变得越来越复杂，并且管理成本越来越高的问题，按需分配的特点为企业节省了大量实践和设备成本，从而能够将更多的资源放在自身业务的发展上。

（三）网格计算

网格计算是一种分布式计算模式。网格计算技术将分散在网络中的空闲服务器、存储系统和网络连接在一起，形成一个整合系统，为用户提供功能强大的计算机存储能力来处理特定的任务。对于使用网格的最终用户或应用程序来说，网格看起来就像是一个拥有超强性能的虚拟计算机。网格计算的本质在于以高效的方式来管理各种加入了该分布式系统的异构松耦合资源，并通过任务调度来协调这些资源合作完成一项特定的计算任务。网格计算中的网格，也就是"grid"，其英文原意并不是我们所认为的网格，而是指电力网格，所以其核心含义与上面的效用计算非常接近，但是它的侧重点略有不同。网格计算研究如何把一个需要巨大的计算能力才能解决的问题分成许多小的部分，然后把这些部分分配给许多低性能的计算机来处理，最后把这些计算结果综合起来解决大问题。可惜的是，由于网格计算在商业模式、技术和安全性方面的不足，使得其并没有在工程界和商业界取得预期的成功。但在学术界，它还是有一定的应用的，比如用于寻找外星人的"SETI"计划等。

（四）云计算

云计算的核心与前面的效用计算和网格计算非常类似，也是希望应用 IT 技术能像使用电力那样方便，并且成本低廉。云计算基本继承了效用计算所提倡的资源按需供应和用户按使用量付费的理念。网格计算为云计算提供了基本的框架支持。云计算和网格计算都希望将本地计算机上的计算能力通过互联网转移到网络计算机。但与效用计算和网格计算不同的是，云计算现在在需求方面已经有了一定的规模，同时在技术方面也已经基本成熟了。因此，与效用计算和网格计算相比，云计算的发展将更脚踏实地。

二、技术支撑

如果没有强大的技术作为基础，云计算也只能是"空中楼阁"。云计算主要有五大类技术支持，分别为摩尔定律、网络设施、Web 技术、系统虚拟化和移动设备。

（一）摩尔定律

摩尔定律依旧推动着整个硬件产业的发展，芯片、内存和硬盘等硬件设备在性能和容量方面也得到了极大的提升。在这方面，最明显的例子莫过于芯片。虽然在单线程性能方面，它并没有像奔腾时代那样突飞猛进，但是已经非常强悍了，再加上多核配置，它的整体性能已达到前所未有的水平。

（二）网络设施

由于光纤入户的技术不断普及，逐渐实现了"铜退光进"，根据360《网速报告》，现在的网络带宽已经从过去平均的 50kb/s 增长至平均 3.2Mb/s 以上，其中上海地区更是达到了 6.1Mb/s，基本满足了大多数服务的需求，包括视频等多媒体服务。再加上无线网络和移动通信的不断发展，人们在任何时间、任何地点都能使用互联网。互联网早已经不再像过去那样是一种奢侈品,而是逐渐演变为社会的基础设施,并使得终端和云紧紧地连在了一起。

(三) Web 技术

Web 技术经过 20 世纪 90 年代的"混沌期"和 21 世纪初的"阵痛期",已经进入"快速发展期"。随着 Java Applets、VRML、AJAX、iQuery、Flash、Silverlight 和 HTML 等 Web 技术的不断发展,Chrome、Firefox 和 Safari 等性能出色、功能强大的浏览器的不断涌现,Web 已经不再是简单的页面。在用户体验方面,Web 已经越来越接近桌面应用,这样用户只要通过互联网与云连上,就能通过浏览器使用各种功能强大的 Web 应用。

(四) 系统虚拟化

虽然 x86 芯片的性能已经非常强大了,但每台 x86 服务器的利用率还非常低,可以说,在能源和购置成本等方面的浪费极大。但随着 VMware 的 VSP 和开源的 Xen 等基于 x86 架构的系统虚拟化技术的发展,一台服务器能整合过去多台服务器的负载,从而有效地提升硬件的利用率,并降低能源的浪费和硬件的购置成本。更重要的是,这些技术有效地提升了数据中心自动化管理的程度,从而极大地减少了在管理方面的投入,使云计算中心的管理更加智能。

(五) 移动设备

随着苹果 iOS 和 Android 等智能手机系统不断发展和普及,手机这样的移动设备已经不仅仅是一个移动电话而已,更是一个完善的信息终端,再加以目前主流的 5G,通过它们,可以轻松访问互联网上的信息和应用。由于移动设备整体功能越来越接近台式机,通过这些移动设备能够随时随地访问云中的服务。

第二节 云计算的概念与特征

一、云计算的基本概念

对云计算的定义有多种说法。到底什么是云计算,至少可以找到 100 种解释。现阶段被广为接受的是美国国家标准与技术研究院 (NIST) 的定义:云计算是一种按使用量付费的模式，这种模式提供可用的、便捷的、按需的网络访问，进入可配置的计算资源共享池（资源包括网络、服务器、存储、应用软件、服务），这些资源能够被快速提供，只须投入很少的管理工作，或与服务供应商进行很少的交互。

维基百科也对云计算的概念做出了定义：云计算是一种基于互联网的计算方式，通过这种方式，共享的软、硬件资源和信息可以按需求提供给计算机和其他设备，云计算依赖资源的共享以实现规模经济，类似基础设施。

简而言之，云计算是一种通过互联网以服务的方式提供动态可伸缩的虚拟化资源的计算模式。云计算是基于互联网的相关服务的使用和交付模式，通过互联网来提供动态伸缩的虚拟化资源共享。云是一种比喻，云计算分狭义云计算和广义云计算：狭义云计算指IT基础设施的交付和使用模式，指通过网络以按需、易扩展的方式获得所需资源；广义云计算指服务的交付和使用模式，指通过网络以按需、易扩展的方式获得所需服务，这种服务包括大数据服务、云计算安全服务、弹性计算服务、应用开发的接口服务、互联网应用服务、数据存储备份服务等。广义云计算意味着计算能力也可作为一种商品通过互联网进行流通。

云计算的硬件资源是以分布式系统为底层架构，上层通过虚拟化技术进行业务的弹性伸缩，以互联网的形式提供具有等级协议（Service-Level Agreement，SLA）的服务。该协议是云服务供应商和客户之间的一份商业保障合同，而非一般的服务承诺。终端用户不需要了解"云"中基础设施的细节，不必具有相应的专业知识，也无须直接进行控制，只关注自己真正需要的资源以及如何通过网络来得到相应的服务。

二、云计算的基本特征

对于云计算，业内不同的人从不同的角度看过去，会有不同的定义，那么云计算有什么特点呢？也许从不同的角度看，云计算也有不同的特点。下面我们分析云计算的特点。

（一）超大规模

"云"具有相当的规模，Google云计算已经拥有100多万台服务器，Amazon、IBM、微软、Yahoo等的"云"均拥有几十万台服务器。企业私有云一般拥有数百甚至上千台服务器。"云"能赋予用户前所未有的计算能力。

（二）虚拟化

虚拟化，是指通过虚拟化技术将一台计算机虚拟为多台逻辑计算机。在一台计算机上同时运行多个逻辑计算机，每个逻辑计算机可运行不同的操作系统，并且应用程序都可以在相互独立的空间内运行而互不影响，从而显著提高计算机的工作效率。

虚拟化使用软件的方法重新定义划分IT资源，可以实现IT资源的动态分配、灵活调度、跨域共享，提高IT资源利用率，使IT资源能够真正成为社会基础设施，服务于各行各业中灵活多变的应用需求。

云计算支持用户在任意位置使用各种终端获取应用服务。所请求的资源来自"云"，而不是固定的有形的实体。应用在"云"中某处运行，但实际上用户无须了解也不用担心应用运行的具体位置。只需要一台笔记本或者一部手机，就可以通过网络服务来实现我们需要的一切，甚至包括超级计算这样的任务。

云计算是通过提供虚拟化、容错和并行处理的软件将传统的计算、网络、存储资源转化成可以弹性伸缩的服务。云计算通过资源抽象特性（通常会采用相应的虚拟化技术）来实现"云"的灵活性和应用的广泛支持性。使用者所请求的资源来自"云"，而不是固定的有形的实体。应用在"云"中某处运行，最终用户不知道云端的应用运行的具体物理资源位置，同时云计算支持用户在任意位置使用各种终端获取应用服务。用户经常并不控制或了解这些资源池的准确划分，但可以知道这些资源池在哪个行政区域或数据中心。

（三）高可靠性

"云"使用了数据多副本容错、计算节点同构可互换等措施来保障服务的高可靠性，使用云计算比使用本地计算机更为可靠。

（四）通用性

云计算不针对特定的应用，在"云"的支撑下可以构造出千变万化的应用，同一个"云"可以同时支撑不同的应用运行。

（五）高扩展性

"云"的规模可以动态伸缩，满足应用和用户规模不断增长的需要。

（六）按需服务

"云"是一个庞大的资源池，按需购买，"云"可以像自来水、电、煤气那样计费。大规模、多租户、高安全、高可靠是云计算的特征。"云"是一个庞大的资源池，用户按需购买，消费者无须同服务提供商交互就可以自动地得到自助的计算资源能力，如服务器的时间、网络存储等（资源的自助服务）。服务使用者只须具备基本的IT常识，经过一般业务培训就可使用服务，无须经过专业的IT培训（现有IT用户需要经过专业的IT培训和认证）。自助服务的内容包括服务的申请/订购、使用、管理、注销等。

（七）极其廉价

由于"云"的特殊容错措施，人们可以采用极其廉价的节点来构成"云"，"云"的自动化集中式管理使大量企业无须负担日益高昂的数据中心管理成本，"云"的通用型使资源的利用率较之传统系统大幅提升，因此用户可以充分享受"云"的低成本优势，经常只要花费几百美元、几天时间就能完成以前需要数万美元、数月时间才能完成的任务。

云计算可以彻底改变人类未来的生活，但同时也要重视环境问题，这样才能真正为人类进步做出贡献，而不是简单的技术提升。

（八）节能环保

通过虚拟化、效用计算等技术，云计算极大地提高了硬件的利用率，并可以均衡不同物理服务器的计算负载，减少能源浪费。

第三节　云计算的商业模式

一、云计算的优势和带来的变革

信息技术（Information Technology，简称IT）是指支撑信息的产生、处理、存储、交换及传播的技术。传统的IT员工的主要工作就是安装和维护机器和保证应用程序的正常运行。随着IT技术的不断发展，整个IT产业结构也在不断发生变化。在21世纪初，IT业渐渐变成了所有商业运营的中心，但是传统IT的重要性却在日渐削弱。由云计算所带来的新的IT革命将彻底改变人们获取信息、软件甚至硬件资源能力的方式，IT资源正在被嵌入越来越多的产品和服务（私有云）当中。它既是互联网发展的更高阶段，也意味着人类将进入一个崭新的IT时代，移动互联网、物联网等互联网的新形态都将依赖云计算的发展。

以云计算为代表的技术革命对现有的信息产业及应用模式产生了巨大的震动。就连老牌的个人软件企业微软，以及传统的硬件厂商IBM、惠普、英特尔，都在云计算的浪潮下纷纷发布了其云计算商业和产品策略及规则，软件厂商更是趋之若鹜，纷纷把自己的核心产品冠以云计算的外衣，包装成SaaS应用或者PaaS平台服务。借助这样的IT及信息产业的云时代的脱胎换骨，传统产业乃至人们的生活方式也必将发生极大的改变。

下面我们从个人用户、企业机构用户、互联网领域、工业领域以及国家政府领域等几个方面来阐述云计算给我们生活的各个领域带来的变革和机遇。如图2-1所示。

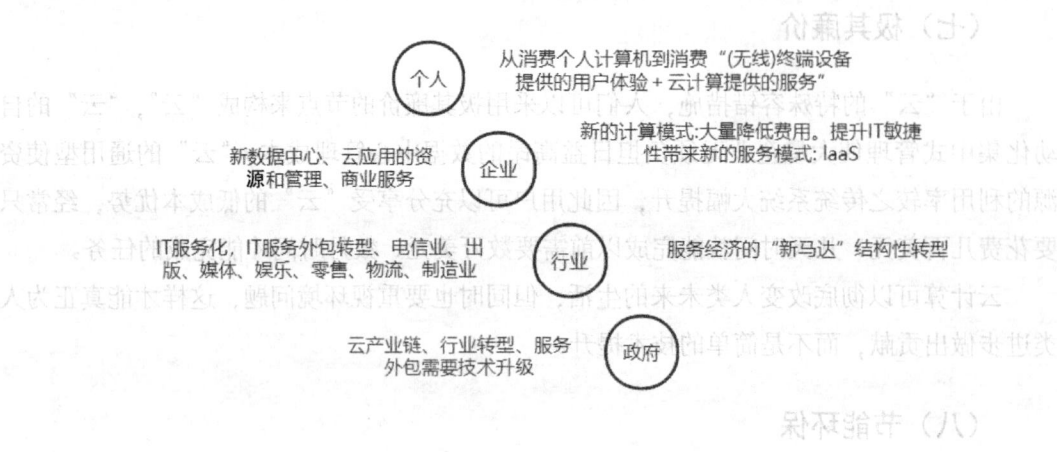

图 2-1　云计算对不同角色带来的机遇与挑战

（一）个人用户

　　云计算时代将产生越来越多的基于互联网的服务，这些服务丰富全面、功能强大、使用方便、付费灵活、安全可靠，个人用户将从主要使用软件转为主要使用服务。在云计算中，服务运行在云端，用户不再需要购买昂贵的高性能的电脑来运行种类繁多的软件，也不需要对这些软件进行安装、维护和升级，这样可以有效减少用户端系统的成本与安全漏洞。更重要的是，与传统软件的使用方式相比，云计算能够更好地服务于用户。在传统方式中，一个人所能使用的软件仅为其个人电脑上的所有软件。而在云计算中，用户可以通过互联网随时访问不同种类和功能的服务。

　　云计算将数据放在云端的方式给很多人带来了顾虑，通常人们认为数据只有保存在自己看得见、摸得着的电脑里才最安全，其实不然。因为个人电脑可能会被损坏；遭受病毒攻击，导致硬盘上的数据无法恢复；数据也有可能被木马程序或者有机会接触到电脑的不法之徒窃取或删除；笔记本电脑还存在丢失的风险。而在云环境里，有专业的团队来帮助用户管理信息，有先进的数据中心帮助用户备份数据。同时，严格的权限管理策略可以帮助用户放心地与指定的人共享数据。这就如同把钱存到银行里比放在家里更安全一样。

（二）企业机构用户

　　对于一个企业用户来说，云计算意味着很多。企业不必再拥有自己的数据中心，大大降低了企业运营 IT 部门所需的各种成本。由于云所拥有的众多设备资源往往不是某一个企业所能拥有的，并且这些设备资源由更加专业的团队进行维护，因此企业的各种软件系统可以获得更高的性能和可靠性。另外，企业不需要为每个新业务重新开发新的系统，云中提供了大量的基础服务和丰富的上层应用，企业能够很好地基于这些已有的服务和应用，在更短时间内推出新业务。

当然，也有很多争论说云计算并不适合所有的企业和机构，比如对安全性、可靠性都要求极高的银行、金融企业，还有涉及国家机密的军事单位等，另外，如何将现有的系统迁入云中也是一个难题。尽管如此，很多普通制造业、零售业等类型的企业是潜在的能够受益于云计算的企业。而且，那些对安全性和可靠性要求很高的企业和机构，也可以选择在云提供商的帮助下建立自己的私有云。随着云计算的发展，必将有更多的企业用户从不同方面受益于云计算。

（三）互联网领域

在可以预见的未来，信息消费的模式将是这样的图景：通过宽带网连接的若干数据中心里运行着各种服务的"云"，它们不断将原来储存在个人 PC、手机上的数据吸引到云中，提供用户以超乎想象的计算力，并具有巨大的成本优势。个人及企业用户将不需要学习客户端软件的操作，只需要根据云计算中心提供的简洁的界面和窗口，访问一下站点就可以得到服务。

只有云计算，才能在大规模用户聚集的情形下提供可用性的服务，而其较低的服务成本又能保持其竞争优势。这些优势使得云计算受到了互联网服务企业的普遍青睐。较大型的互联网企业，像 Google、雅虎都是云计算平台服务商的先驱，而更多的大型互联网企业如搜狐、百度、腾讯、新浪都在试图从传统的 IDC 架构向云计算平台转型。对于那些每天都在诞生的小型互联网企业，他们看到云计算几乎可以提供无限的廉价存储和计算能力，因此特别愿意采用像亚马逊这样的云计算架构服务商所提供的效能计算和存储，来快速搭建他们自己的互联网应用，从而也成为成功的云应用服务商。

（四）工业领域

目前，大多数工业领域企业在着手利用云计算整合其现有的数据中心，实现对既往投资的 IT 资源的充分利用。通过云计算来处理电信运营商所拥有的海量数据，以期降低 IT 系统的成本，提高 IT 系统的效率和性能，加强经营决策的实施程度，将是电信运营商使用云计算的一个重要领域。

随着信息通信技术日益融合，电信运营商将推出基于云计算平台的互联网应用，并开放其云计算平台的 API 和开发环境，鼓励越来越多的开发者推出丰富的互联网应用，带动其业务增长。

（五）国家政府领域

云计算的特殊优势引起了各国政府的关注。美国国防部也与惠普达成了一项合作，后者将帮助其建立庞大的云计算基础设施。美国国防信息系统局称，基于网络的云计算模式可以让美国军事人员在 24 小时内配置和使用国防信息系统局网络上的服务器。

二、云计算技术的优点

（一）高性价比

现在分布式系统的第一个原因就是它具有比集中式系统更高的性价比，不到几十万美元就能获得高性能计算。在海量数据处理等场景中，云计算以 PC 集群分布式处理方式替代小型机加盘阵的集中处理方式，可有效降低建设成本。

在激烈的商战中，很多 IT 企业遭遇各种紧急情况。使用云存储就省事多了，每一个文件是放到同一个硬盘中，存取过程不需要配合其他硬盘的读写，任何硬盘都可以兼容，旧有的投资不会浪费，硬盘坏掉，随便买一个插上即可使用，也不需要从原厂采购，甚至公司内部淘汰的服务器都可以并入云存储中，大大延长了硬件的使用期限，也降低了成本。

（二）应用分布性

云计算的多数应用本身就是分布式的。如工业企业的应用，管理部门和现场本来就不在同一个地方。云计算采用虚拟化技术使得跨系统的物理资源统一调配、集中运维成为可能。管理员只须通过一个界面就可以对虚拟化环境中的各个计算机的使用情况、性能等进行监控，发布一个命令就可以迅速操作所有的机器，而不需要在每台计算机上单独进行操作。企业IT部门不再需要关心硬件技术细节，可以将自己的力量集中在业务和流程设计上。

（三）高可靠性

冗余不仅是生物进化的必要条件，也是信息技术的内容之一。现代分布式系统具有高度容错机制，控制核反应堆就主要采用分布式来实现高可靠性。

（四）可扩展性

云计算提供的资源是弹性可扩展的，可以动态部署、动态调度、动态回收，以高效的方式满足业务发展和平时运行峰值的资源需求。我们都知道企业的规模是逐渐变大的，客户的数量是逐渐增多的，随着客户的增多，访问量的急剧膨胀，应用并没有变慢，也不会"塞车"。这些都得归功于云服务商不断为其提供了更多的存储空间、更快速的信息处理能力。

（五）高利用率

在客户眼中，似乎有处理文档的服务器、邮件服务器、照片处理服务器等，但其实这些都是一台服务器完成的,它的 30% 的资源去处理文档了,30% 的资源去处理照片了。这样,这台服务器的个人潜力得到了最大限度的挖掘。云计算和虚拟化结合,提高了设备利用率,节省了设备数量。

减少设备规模、关闭空闲资源等措施将促进数据中心的绿色节能。在中国,电力大多是靠煤炭烧出来的,而所有的硬件设施都是要靠电"活着"。通过云计算减少设备的数量,就会大大减少用电量,从而节能环保。

三、云计算的三大商业模式

云计算的一个典型特征就是 IT 服务化,也就是将传统的 IT 产品、运算能力通过互联网以服务的形式交付给用户,于是就形成了云计算商业模式。云计算是一种全新的商业模式,其核心部分依然是数据中心,它使用的硬件设备主要是成千上万的工业标准服务器,它们由英特尔或 AMD 生产的处理器以及其他硬件厂商的产品组成。企业和个人用户通过高速互联网得到计算能力,从而避免了大量的硬件投资。

云计算的商业模式可以简单地划分成基础设施即服务(IaaS)、平台即服务(PaaS)、软件即服务(SaaS),它们分别对应于传统 IT 中的"硬件""平台"和"(应用)软件"。本小节将从应用的角度简单地介绍这几种架构对当前商业模式的影响。

(一)IaaS(Infrastructure-as-a-Service)——基础设施即服务

IaaS 是指消费者通过 Internet 可以从完善的计算机基础设施获得服务。云计算发展史上的第二个里程碑,一定属于亚马逊公司。这是一家随着 B2B 和 B2C 的浪潮而兴起的网上卖书和网上购物的公司,最初为了支撑庞大的互联网网上购物业务,尤其是要理论上支持在圣诞节等热销季节的庞大并发用户数量的访问和交易,亚马逊部署了大冗余的 IT 计算和存储资源。后来他们发现 IT 支撑资源在绝大部分时间里都是空闲的。为了充分利用闲置 IT 资源,亚马逊将弹性计算云建立起来并对外提供效能计算和存储的租用服务。用户仅需要为自己所使用的计算平台的实际使用付费,这样的因需而定的付费,相比企业自己部署相应的 IT 硬件资源以及如软件资源便宜很多。这就是以云计算基础设施作为服务的典型,是典型的因技术创新而带动商业模式的成功。

众多的科技创新公司利用亚马逊提供的 IaaS 模式服务,在不必购买 IT 基础设施及操作系统的前提下,通过即付即用的租用模式在亚马逊云计算平台上快速搭建和发布自己的丰富多彩的云服务。其意义在于极大地降低了云服务商的行业进入门槛,改变了传统的 IT 基础设施的购买和交付模式,把中小企业很难负担的固定资产投资转化为与业务量相关的运营成本。在硅谷,每天都有几个大学生利用亚马逊云计算 IaaS 来发布自己的云服务从而赚了大钱的案例。这两三年来,风靡了整个美国的微博客服务 Twitter 正是利用亚马逊弹性计算云架构的成功的互联网应用,它被美国前国防部长盖茨称为"美国巨大战略资产",而这样的成功故事,每天都在发生。

(二) PaaS (Platform-as-a-Service)——平台即服务

回顾云计算的起步和发展轨迹,我们不得不再次谈到 Google 在以搜索为核心的互联网应用的成功故事。

Google 的云计算平台支持很强的容灾性,支持应用的快速自动部署和任务调度,能提供多并发用户的高性能感受。而最关键的是他们做到了每个用户访问都达到最低的运营成本。云计算使得 Google 的成本是其竞争对手的 1/40。这就是从运营成本角度强有力地支持着 Google 的商业模式,即先向提供用户高体验度的互联网服务、吸聚人气,采用后向广告收费的商业模式。Google 用云计算平台构造了世界上最大的一台超级计算机,不仅便宜而且性能很高,并且很难被复制,从而逐渐发展成为 PaaS 的商业模式。

PaaS 实际上是指将软件研发的平台作为一种服务,以 SaaS 的模式提交给用户。因此,PaaS 也是 SaaS 模式的一种应用。但是,PaaS 的出现可以加快 SaaS 的发展,尤其是加快 SaaS 应用的开发速度。

(三) SaaS (Software-as-a-Service)——软件即服务

SaaS 是一种通过 Internet 提供软件的模式,用户无须购买软件,而是向提供商租用基于 Web 的软件来管理企业经营活动。

云计算发展过程中的第三个里程碑来自 Salesforce.com 公司。起初,这家公司想做数据库管理类软件,并把它卖给企业用户。但是他们研究发现,在数据库管理类软件领域,他们不及甲骨文公司,同时他们还发现,甲骨文的昂贵价格让很多企业望而却步,很多工业制造和物流行业的企业花大价钱买了甲骨文的产品后却因为缺少专业知识而不能把它用好。于是,他们决定利用新型的互联网来提供软件服务,从而和甲骨文竞争。

在云计算技术的驱动下,运算服务正从传统的"高接触、高成本、低承诺"的服务配置向"低基础、低成本、高承诺"转变。如今,包括 IaaS、PssS、SaaS 等模式的云计算凭借其优势获得了全球市场的广泛认可。企业、政府、军队等各种重要部门都正在全力研发和部署云计算相关的软件和服务,云计算已进入国计民生的重要行业。IBM 和 Google 开始与一些大学合作进行大规模云计算理论研究项目,政府和军队的"私有云"正在悄然建设,许多新兴的初创公司和大型企业正在全力研发和部署云计算相关的软件和服务,与此同时,风险投资和技术买家的兴趣也正在迅速升温。"迎着朝阳前进",这是 IT 技术发源地——美国硅谷对云计算目前发展状态的定位。

第四节　云计算的创新应用

随着云计算技术不断发展，基于云计算的各种应用也如雨后春笋般地出现，现在这些云应用已经充斥人们生活的方方面面，如云办公、云存储等都是云计算技术在生活中的应用。

一、云办公

在这个世界上，已经有超过 1/5 的人实现了远程办公，他们或使用移动设备查看编辑文档，或在家中与同事协同办公，或直接在交通工具上制作幻灯片，办公并不一定要受限于工作地点、时间或者设备。现如今，在我国越来越多人使用智能手机，同时越来越多的人拥有多款设备。面对用户使用习惯与设备的变化，云服务的普及帮人们快速实现了随时随地地办公，为我们带来了前所未有的生产力。

云办公形象地说就是可以使办公室"移动"起来的一种全新的办公方式，这种方式可以实现办公人员在任何时间、任何地点处理与业务相关的任何事情。也就是说，办公人员可以在不在办公室的时候，随时随地地对办公材料进行查阅、回复、分发、展示、修改或宣读，实现将办公室放在云端，随身携带进行办公的办公方式。

云办公是通过把传统的办公软件以瘦客户端或智能客户端的形式运行在网络浏览器中，从而使得员工可以在脱离固定的办公地点时同样完成公司的日常工作。实际上，云办公可以看作原来人们经常提及的在线办公的升级版。云办公是指个人和组织所使用的办公类应用的计算和储存两个部分功能，不通过安装在客户端本地的软件提供，而是由位于网络上的应用服务予以交付，用户只须通过本地设备即可实现与应用的交互功能。云办公的实现方式是标准的云计算模式，隶属于软件即服务范畴。

云办公与传统的在线办公相比，具有以下几点优势：

（一）随时随地协作

人们在使用传统的办公软件实现信息共享时，需要借助于电子邮件或移动存储设备等辅助工具。在云办公时代，与原来基于电子邮件的写作方式相比，省去了邮件发送、审阅、沟通的流程，人们可以直接看到他人的编辑结果，无须等待。云办公可以使人们能够围绕文档进行直观的沟通讨论，也可以进行多人协同编辑，从而提高团队的工作效率。

（二）跨平台能力

云办公应用使用户不受任何终端设备和办公软件的限制，在任何时候、任何地方都可以使用相同的办公环境，访问相同的数据，极大地提高了使用设备的方便性。

（三）使用更便捷

用户使用云办公应用省去了安装客户端软件的步骤，只需要打开网络浏览器即可实现随时随地地办公。同时，利用 SaaS 模式，用户可以采取按需付费的方式，从而降低办公成本。

目前常用的云办公用品主要有 Google Docs、Office 365、35 云办公等。下面简单为大家介绍几种常用的云办公用品。

Google Docs（谷歌文档）是谷歌公司开发的一款类似于微软的 Office 的云办公产品。它的功能包括在线文档、电子表格和演示文稿三类。通过 Google Docs，用户可以处理和搜索文档、表格、幻灯片，并可以通过网络和他人分享，只要有谷歌的账号就能使用。

Office 365 是一套完整的办公服务解决方案。通过云技术微软将多人的办公应用整合为一组服务，能够为多用户提供便利的办公软件服务。它将 Office 桌面端应用的优势结合企业级邮件处理、文件分享、即时消息和可视网络会议的需求（Exchange Online，SharePoint Online and Lync Online）融为一体，满足不同类型企业的办公需求。用户甚至能以一支普通中性笔般低廉的日均成本，享受新的云端服务。

35 云办公是"三五互联"推出的一种低成本、易维护的轻量型云办公模式。它融合了企业办公微博、企业邮箱、协同办公系统、企业即时通信、视频会议系统等云服务功能，并且能够在 PC 端、手机端、平板电脑端等多平台之间实现存储在云端的信息自由交互。

二、云存储

现在，电脑是人们在日常生活中常常会使用到的核心工具，人们习惯使用电脑来处理文档、存储资料，通过电子邮件或者移动存储设备来与他人交换信息。同时，人们需要不断对安装在本地计算机上的系统软件和应用软件的漏洞进行修补，并对存储数据的安全进行保障，以免遭受黑客或者病毒的袭击而导致数据丢失。目前，随着云计算的出现，用户可以不用将需要处理的数据信息存储在本地计算机上，而是存储在云计算的数据中心上，用户所需的应用程序并不运行在用户的个人电脑、手机等终端设备上，而是运行在云计算数据处理中心大规模的服务器集群中。提供云计算服务企业的专业 IT 人员负责云计算上资源的分配、负载的均衡、软件的部署、安全的控制等，维护用户数据的正常运作，为用户提供足够强大的存储空间和计算能力。用户只须接入互联网，就可以通过电脑、手机等终端设备，在任何地点方便、快捷地处理数据和享受服务。云计算能使跨设备跨平台的数据同步，并解决了数据共享的问题。

因此，云存储是在云计算概念上延伸和发展出来的一个新概念，是指通过集群应用、网格技术或分布式文件系统等功能，将网络中大量各种不同类型的存储设备通过应用软件集合起来，协同工作，共同对外提供数据存储和业务访问功能的一个系统。当云计算系统运算和处理的核心是大量数据的存储和管理时，云计算系统中就需要配置大量的存储设备，那么云计算系统就转变为一个云存储系统，所以云存储是一个以数据存储和管理为核心的云计算系统。

云存储对使用者来讲，不是指某一个具体的设备，而是指一个由许许多多个存储设备和服务器所构成的集合体。使用者使用云存储，并不是使用某一个存储设备，而是使用整个云存储系统带来的一种数据访问服务。所以严格来讲，云存储不是存储，而是一种服务。云存储的核心是应用软件与存储设备相结合，通过应用软件来实现存储设备向存储服务的转变。

三、云教育

教育是一个国家的头等大事，它与每一个人都息息相关，同时也是保持国家可持续发展与创新的基础，是整个社会关注的焦点。随着计算机技术的发展，教育科研领域的信息化建设也日新月异地发生着改变，云计算在教育科研领域信息化建设中的优势也日益明显。

传统的课堂授课采取的是教师口述并通过板书配合讲解的方式。这种方式比较枯燥，学生不能对教学内容形成直观的感受。近年来，为了改善教学效果，利用多媒体授课已经成为比较普遍的授课方式，这样可以增加教学的互动性，激发学生的兴趣和想象力。多媒体教学内容的共享需要高效、普遍的信息化基础设施，但是，教育资源分布不均衡的现状不能保证大范围地共享多媒体教育内容，因此，教育行业可以采取集中式的信息化基础设施通过网络远程访问，实现优质教学资源的共享和新型教学方式的推广。云平台能够为教育的信息化建设提供技术支撑。通过云计算搭建教育云平台，是教育信息化建设的重要方向。

教育云可以将整个教育行业的信息都包含进云端，实现信息的共享。从基础教育到高等教育，从政府的教育管理部门到企业的职业培训，从各个图书馆的资源到学生，各个参与教育的个人或团体都可以通过云终端获取或共享信息。

四、云医疗

在我国，医疗资源不均衡一直是老百姓看病难、看病贵的主要原因之一。在一些一线城市，每年挂专家号的人次已达到上亿，但实际上我国大部分的一线城市每年可接待的专家问诊能力在百万左右。在这些挂专家号的患者中，很多只是感冒之类的小症状，完全不必在大型专科医院或综合性医院求医。资源调配的不合理严重影响了医疗行业的整体效率，也直接导致了医疗质量难以保证、地区之间医疗水平参差不齐、医患纠纷增多的状况。图 2-2 为云健康医疗平台示意图。

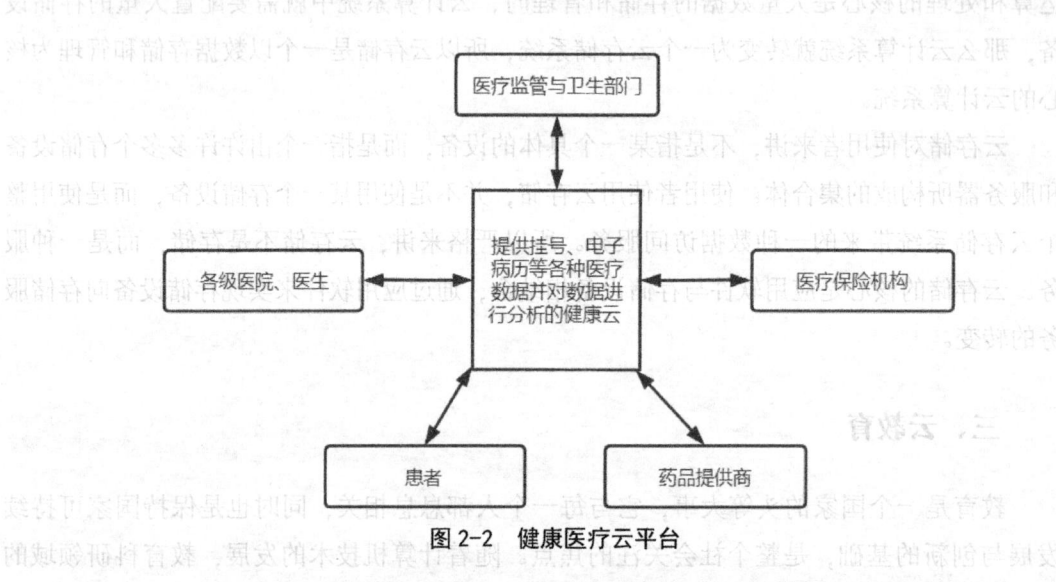

图 2-2　健康医疗云平台

随着云计算技术的发展，现在这些医疗上的问题其实是可以通过医疗健康云来解决，把政府医疗监管、政府卫生管理部门、各大医院、社区医院、药品供应商、药品物流配送公司、医疗保险公司以及患者统一到医疗健康云平台上，就可以解决医疗系统中长期存在的问题。

在医疗健康云平台上，患者可以通过手机或 PC 登录个人的云医疗终端进行看病预约、网上挂号，无须再去医院排队就医，医疗费用的报销也可以在云终端上自动进行。医生可以通过云平台共享患者的就医信息，同时能够实时上传或查询患者的病史和治疗史，从而快速准确地为患者诊断病情。药品供应商则根据医生在云平台上所开具的电子病历，就可以把患者所需要的药品配送至医院或患者手中，可以避免药品中间商的层层盘剥，解决了药品贵的难题。政府医药监管或卫生部门，只需要在云中"漫步"来完成自己相应的监管工作。由于云中的数据是共享的，政府部门所看到的监管信息是从药品生产厂商到流通企业，再到医院和患者手中的药品全流通过程，这些都是监管可控的。另外，医疗保险公司在云中可以对患者提供保险服务，患者可以得到及时的费用报销。

第三章 人工智能大数据技术应用

第一节 人工智能时代的主要数据源

随着信息技术迅速发展，管理信息系统、互联网、物联网、移动终端等新技术与设备正在不断改变现代企业的环境。互联网和其他全球性媒介已经初步消除了国界对信息的隔离。互联网上的公共网页和全球共享数据几乎对所有组织和个人都是公开的，大多可以被自由访问、下载。互联网网页资源、博客和论坛、企业公开报表、社会各组织的公共数据库、各类媒体资源均涉及有关政治、经济、管理、生活等各领域广泛的海量信息。大数据的主要来源分为如下几个方面：

一、互联网

互联网的出现，把每个人地计算机连接起来，改变了人们的生活，成为大家获取、分享各类数据的首要渠道。互联网成为大规模接近各类人群生活的工具和平台，人们在互联网上的一言一行都被忠实地记录下来。就像古代皇帝身边总有一位兢兢业业的史官，随身携带纸笔，记下皇帝的起居作息、金口玉言一样，互联网就像每个人的"史官"，它从不知疲倦，对事不分大小，都悉心而精准地记录着一切。互联网日志、博客、微博、论坛中就像无数的"史官"如实记录着大家的数字化生活。

二、社交网络

社交网络把真实的人际关系完美的映射到互联网空间，并借助互联网的特性而大大升华。广义上看，社交网络使得互联网甚至具备某些人类的特质，譬如"情绪"——人们分享各自的喜怒哀乐，并相互传染传播。社交网络为大数据带来一类最具活力的数据类型——人们的喜好和偏爱。

大型的社交网络平台事实上构成了以"个人"为枢纽的、不同的数据的集合。借助"分享"按钮，人们在不同网站上的购物信息、浏览的网页都可以被"分享"到社交网络上。

就像人们在雪地上留下脚印,社交网络把网民在不同网站上留下的"脚印"链接起来,形成完整的行为轨迹和"偏好"链。更重要的是,社交网络大数据中储存着网民的关系链及其喜好和偏爱的传播路径,这些都具有极大的开发价值。

三、云计算

云计算改变了数据的存储和访问方式。在云计算出现之前,数据大多分散保存在每家企业的服务器中,或每个人的计算机中。云计算,尤其是公用云计算,把所有的数据集中存储到"数据中心",也即所谓的"云端",用户通过浏览器或者专用应用程序来访问。

这几年兴起的建设云计算基地的风潮,客观上为"大数据"的诞生提供了必备的储存空间和访问渠道。各大银行、电信运营商、大型互联网公司、政府各个部委都拥有各自的"数据中心"。银行、电信、互联网公司绝大部分已经实现了全国级的数据集中工作。云计算为大数据提供了存储空间和访问渠道。

四、物联网

物联网就是"物物相连的互联网"。由此可见,第一,物联网的核心和基础仍然是互联网,是在互联网基础上的延伸和扩展的网络;第二,其用户端延伸和扩展到了任何物品与物品之间,都能进行信息交换和通信。物联网通过智能感知、识别技术与普适计算、泛在网络的融合应用,被称为继计算机、互联网之后世界信息产业发展的第三次浪潮。物联网是传感器技术进步的产物。传感器可以监测温度、压强、风力、桥梁、矿井的安全,还可以监测飞机、汽车的行驶状态。现在常用的智能手机,就包括重力感应器、加速度感应器、距离感应器、光线感应器、陀螺仪、电子罗盘、摄像头等各类传感器。这些不同类型的传感器,无时无刻不在产生大量的数据。这些数据被持续地收集起来,成为大数据的重要来源之一。

五、智能终端

随着信息基础设施持续完善,网络带宽持续增加,存储设备性价比不断提升,这些为大数据的存储和传播提供了物质基础;云计算为大量数据的集中管理和分布式访问提供了必要的场所和分享的渠道;物联网与智能终端持续不断地产生大量数据,其数据类型丰富、内容鲜活,是大数据重要的来源。现在,大数据正在更深层次地影响国家、企业的发展以及人们的生活。

第二节　大数据特点、价值及组织战略

一、大数据及其特点

（一）大数据的概念

随着人跟人、人与机器、机器与机器在交易、沟通、通信中产生的数据量越来越大，人类开始走进大数据时代。大数据指的是大小超出常规的数据库工具获取、存储、管理和分析能力的数据集。但它同时强调，并不是说一定要超过特定 TB 值的数据集才能算是大数据。

（二）大数据的主要来源

人与人交易、沟通产生数据。移动通信、社交网络每时每刻都在大量地产生数据，传统的商业领域、电子商务和金融交易也同样如此，机器与机器、智能设备与网络中产生的数据，其数量更为巨大。随着时间的增长，物联网的发展也产生了更多的数据。在美国，评估净利润前 15 个行业中，每一家公司当年所产生的数据都大过美国国会图书馆所有的数据。

美国互联网数据中心指出：互联网上的数据每年将增长 50%，每两年便将翻一番，目前世界上 90% 以上的数据是最近几年才产生的。此外，数据又并非单纯指人们在互联网上发布的信息，全世界的工业设备、汽车、电表上有着无数的数码传感器，随时测量和传递着有关位置、运动、震动、温度、湿度乃至空气中化学物质的变化，也产生了海量的数据信息。

伴随着多媒体、社会媒体以及物联网的发展，企业将收集更多的信息，从而使数据呈现指数级增长。全球可统计的数据存储量在 2011 年约为 1.8ZB（1.8 万亿 GB），2013 年达到 4.4ZB，到 2020 年这一数值将增长到 35ZB，2014—2020 年的预计年复合增长率达到 84%。大数据已经成为当前人类最宝贵的财富。

（三）大数据的特征

国际数据公司（IDC）从大数据的四个特征来对其进行定义：即海量的数据规模

(Volume)、快速的数据流转（Velocity）、多样的数据类型（Variety）、巨大的数据价值（Value）。大数据的核心能力是发现规律和预测未来。

我们认为，通过四个"V"，能够更好地把握大数据的特征。

1．数据体量巨大（Volume）

人类生产的所有印刷材料的数据量是 200 PB（1 PB=210 TB），而历史上全人类说过所有话的数据量大约是 5 EB（1 EB=210 PB）。当前，典型个人计算机硬盘的容量为 TB 量级，而一些大企业的数据量已经接近 EB 量级。

2．处理速度快（Velocity）

这是大数据区别于传统数据挖掘的最显著特征。

3．数据类型繁多（Variety）

这种类型的多样性也让数据被分为结构化数据和非结构化数据。相对于以往便于存储的以文本为主的结构化数据，非结构化数据越来越多，包括网络日志、音频、视频、图片、地理位置信息等，这些多类型的数据对数据的处理能力提出了更高要求。

4．价值密度低（Value）

大数据具有巨大的商业价值，但不可否认的是，大数据价值密度的高低与数据总量的大小成反比。

二、大数据的重要性及其价值

如今，数据已经成为可以与物质资产、人力资本相提并论的重要的生产要素。大数据的使用将成为未来提高竞争力、生产力、创新能力以及创造消费者价值的关键要素。

对大数据的利用成为企业提高核心竞争力并抢占市场先机的关键。在未来 3 到 5 年，我们将会看到那些真正理解大数据并能利用大数据进行挖掘分析的企业和不懂得大数据价值的企业之间的差距。真正能够利用好大数据并将其价值转化成生产力的企业必将形成有力的竞争优势，奠定行业领导者的地位。

在零售领域，对大数据的分析可以使零售商实时掌握市场动态并迅速做出应对。沃尔玛已经开始利用各个连锁店不断产生的海量销售数据，并结合天气数据、经济学、人口统计学进行分析，从而在特定的连锁店中选择合适的上架产品，并判定商品减价的时机。

在互联网领域，对大数据的分析可以为商家制定更加精准有效的营销策略提供决策支持。Facebook 等网站正在对海量的社交网络数据与在线交易数据进行分析和挖掘，从而提供点对点的个性化广告投放。

在医疗卫生领域，能够利用大数据避免过度治疗，减少错误治疗和重复治疗，从而降低系统成本、提高工作效率，改进和提升治疗质量。

在公共管理领域，能够利用大数据有效推动税收工作开展、提高教育部门和就业部门的服务效率；零售业领域，通过在供应链和业务方面使用大数据，能够改善和提高整个行业的效率。

在市场和营销领域，能够利用大数据帮助消费者在更合理的价格范围内找到更合适的产品以满足自身的需求，提高附加值。

反过来，对大数据的分析、优化结果反馈到物联网等应用中，又进一步改善使用体验，并创造出巨大的商业价值、经济价值和社会价值。

甚至在公共事业领域，大数据也开始发挥不可小觑的重要作用。欧洲多个城市通过分析实时采集的交通流量数据，指导驾车出行者选择最佳路径，从而改善城市交通状况。联合国也推出了名为"全球脉动"（Global Pulse）的新项目，希望利用"大数据"来促进全球经济发展。

大数据将优先在以下四个方面挖掘出巨大的商业价值：

一是对顾客群体细分，然后对每个群体量体裁衣般采取独特的行动；

二是运用大数据进行模拟实境，发掘新的需求和提高投入的回报率；

三是提高大数据成果在各相关部门的分享程度，以及整个管理链条和产业链条的投入回报率；

四是进行商业模式、产品和服务的创新。

三、大数据对组织的战略机遇

（一）新型战略资源

世界正在逐渐走向物联化（Instrumented）、互联化（Interconnected）和智能化（Intelligent），所有的事物和活动都可以被感测，而在感测过程中产生的大量数据又会被输送到后台进行处理，在庞杂的数据资料中分析出有用的信息，支持和推动决策的有效性。由于数据的来源、传送的方式和使用的方法发生了质的改变，数据利用已经不是用传统的方式把数据输入计算机并通过处理得到报表如此简单。因此，物联化、互联化、智能化的交汇，就像调节水量的三道闸门同时开启，将遍布在各处的数据从原本潺潺细流汇成磅礴大川，再倾泻灌入一片无边无际的数据海洋。总之，数据资源的意义已经远远超过以往任何一个时代对其的认知。

（二）商业洞察能力

对于当前激烈的企业竞争来说，大数据更成为商界领导者们最为关注的方向。企业必须拥有强大的业务分析及"洞察能力"，深入理解客户，对于他们的需求做出快速的反应，从而以个性化服务赢得客户。

所有组织都深知收集客户数据的价值，但大部分公司难以从中汲取新洞见，也无法利用这些洞见来建立更有意义的客户关系。因此，IBM 发布了智慧分析洞察解决方案之"最有效的下一步行动"，能够帮助企业和组织通过传统的企业数据、社交网络收集的客户观点，通过实时分析功能预测客户行为和偏好，从而获得对客户的全面认识、建立长期客户关系，最终提高经营绩效。

（三）财务管理新模式

公司的首席财务官亟须将行业内错综复杂的数据集收集起来，与分析报告、经济市场数据、财务报告以及公司资产负债表相互参照，从而获取可执行的财务洞察。因此，IBM 发布了智慧分析洞察特色解决方案之"首席财务官绩效洞察"，能够帮助财务主管利用预测能力和影响力分析增强财务绩效方面的洞察力、可视性和可控性，从而推动利润和收入增长。同时，该解决方案还具备适用于主要指标和以往绩效数据的预测能力，财务人员可以根据各项绩效指标之间的关系，预测绩效差距，并通过情景规划对备选方案进行评估。

"数据为王"带来的财务管理与绩效提升变革和收益将是革命性的。

（四）营销的革命

"网络营销"将互联网与营销的本质结合，进行系统的、持续的、交互的客户关系管理。数据驱动的广告策略，将数据提升到营销之前或之中来分析，将效果监测转变为效果预测，让广告及时呈现在感兴趣的用户群体面前，实现真正意义上的精准营销。

精准营销可以做到在毫秒之内，根据用户的历史访问行为，判断用户可能的消费需求，推送相应的广告。在这个实时的过程中，底层的根基是数据。首先要有能力采集数据，将广告、口碑、网站、电商、用户数据等各种数据形成循环、全流程、可视化的数据系统；其次是把非结构化数据、狭义的数据变成有价值的信息。最后大数据推动整个营销生态系统发生质的变革是大势所趋。

第三节 大数据商业应用架构及前期准备

一、大数据的商业应用架构

（一）理念共识

实施大数据商业应用，首先管理层要认识到大数据的价值，达成理念共识。管理层需要达成共识的理念包括：

一是公司战略。定位未来发展目标，明确未来战略发展方向。世界上一些成功的公司将其成功部分归因于其所制定的创新战略，即获取、管理并利用筛选出来的数据以确定发展机遇、做出更佳的商业决策以及交付个性化的客户体验。

二是确定初步的数据支持需求，制订数据采集存储计划与预算。

三是组建大数据技术团队，建立各部门协同机制；大数据战略的目标是把大数据和其他数据整合到一个处理流程中，使用大数据并不是一个孤立的工作，这是一项真正改变行业规则的技术，需要多部门的协同以发现真正需要解决的复杂问题，并获得以前从未想到过的洞察。

四是管理层对大数据应用成果给予高度关注，并颁发大数据应用奖励等。

（二）组织协同

在大数据时代，我们往往需要 SOA 系统架构以适应不断变换的需求。

面向服务的体系结构（Service-Oriented Architecture，SOA）是一个组件模型，它将应用程序的不同功能单元（称为服务）通过这些服务之间定义良好的接口和契约联系起来。接口是采用中立的方式进行定义的，它应该独立于实现服务的硬件平台、操作系统和编程语言。这使得构建在各种这样的系统中的服务可以以一种统一和通用的方式进行交互。

对 SOA 的需要来源于使用 IT 系统后，业务变得更加灵活。通过允许强定义的关系和依然灵活的特定实现，IT 系统既可以利用现有系统的功能，又可以准备在以后做一些改变来满足它们之间交互的需要。

一家企业在发展的过程中会做很多整合。因为一开始信息化的时候，有很多没有想得那么宽，后来整合的时候，如果大家用的标准不一样的话，那这个成本就会非常高。而且做完整合以后，还要做维护，这个维护费用可能也会很高。另外在考虑未来发展的时候，有一个新的版本出来，很多系统要升级的时候，那考虑要用的时间和成本相对也比较高。而 SOA 这个架构其实是一个标准，不管你做什么，如果大家都用 SOA 共同的标准、共同的语言的话，那刚才提到的几个点就会得到很好解决。

关于 SOA，还有很多的企业业务系统的应用，有的是从标准的角度，即 SOA 服务的标准。例如，在我们做自己的业务系统部署的时候，先上什么系统，后上什么系统，系统之间的关联是什么，也应该遵循 SOA 的理念。我们怎么去面向我们的应用，面向我们的实践，这里面可能要把一个纯技术的东西当作一个企业自身的问题去面对，而不仅仅是 SOA 技术。

（三）技术储备

大数据应用主要需要四种技术的支持：分析技术、存储数据库、NoSQL 数据库、分布式计算技术等。

1. 分析技术意味着对海量数据进行分析以得出答案

人们会思考运用云技术我们能做什么。IBM副总裁兼云计算CTO Lauren States解释说，运用大数据与分析技术，我们希望能获得一种洞察力。以澳大利亚网球公开赛为例，当时组委会在 IBM 的云平台上建立了一个叫 Slam Tracker 的分析引擎，Slam Tracker 收集了最近五年比赛的近 3900 万份统计数据。通过这些数据分析出了运动员们在获胜时的一些表现模式。

2. 存储数据库（In-Memory Databases）让信息快速流通

大数据分析经常会用到存储数据库来快速处理大量记录的数据流通。如用存储数据库来对某个全国性的连锁店某天的销售记录进行分析，得出某些特征，进而根据某种规则及时为消费者提供奖励回馈。

3. NoSQL 数据库是一种建立在云平台的新型数据处理模式

NoSQL 在很多情况下又叫作云数据库。由于其处理数据的模式完全是分布于各种低成本服务器和存储磁盘，因此它可以帮助网页和各种交互性应用快速处理过程中的海量数据。它为 Zynga、AOL、Cisco 以及其他一些企业提供网页应用支持。正常的数据库需要将数据进行归类组织，类似于姓名和账号这些数据需要进行结构化和标签化。但是 NoSQl 数据库则完全不关心这些，它能处理各种类型的文档。

在处理海量数据同时请求时，它也不会有任何问题。比方说，如果有 1000 万人同时登录某个 Zynga 游戏，它会将这些数据分布于全世界的服务器并通过它们来进行数据处理，结果与 1 万人同时在线没什么两样。

现今有多种不同类型的 NoSQL 模式。商业化的模式如 Couchbase、10gen 的 MongoDB 以及 Oracle 的 NoSQL；开源免费的模式如 CouchDB 和 Cassandra；还有亚马逊最新推出的 NoSQL 云服务。

4. 分布式计算结合了 NoSQL 与实时分析技术

如果想要同时处理实时分析与 NoSQL 数据功能，那么你就需要分布式计算技术。分布式计算技术结合了一系列技术，可以对海量数据进行实时分析。更重要的是，它所使用的硬件非常便宜，因而让这种技术的普及变成可能。

SGI 的 Sunny Sundstrom 解释说，通过对那些看起来没什么关联和组织的数据进行分析我们可以获得很多有价值的结果。比如说，可以发现一些新的模式或者新的行为。运用分布式计算技术，银行可以从消费者的一些消费行为和模式中识别网上交易的欺诈行为。

分布式计算技术正引领着将不可能变为可能的潮流。Skybox Imaging 就是一个很好的例子。这家公司通过对卫星图片的分析得出一些实时结果，比如说某个城市有多少可用停车空间，或者某个港口目前有多少船只。它们将这些实时结果卖给需要的客户。没有这个技术，要想快速便宜地分析这么大量的卫星图片数据将是不可能的。

很多前沿领域都在发生技术创新，以帮助企业管理不断涌现的海量数据并提高数据利用效率。一些创新是基于传统的关系型数据库技术，以利用成熟解决方案的丰富功能。其他一些创新则利用新数据库模式以满足更加极端的要求。基于这些技术进步，它们能够管理庞大的数据并向企业交付实时或接近实时的洞察力，可以交付新的数据库和分析解决方案，几种解决方案简述如下：

一是开源大数据解决方案。开源社区针对大数据提出了新的解决办法。一般来说，这些解决方案旨在解决的挑战与新兴 RDMS 创新针对的目标相同。然而，它们对于数据一致性和数据耐用性的要求更为宽松，适用于很多大数据应用场景。潜力最大的开源大数据解决方案是分布式 RDBMS 和 NoSQL 解决方案（如 Hadoop），两者都采用分布式文件系统（DFS）将数据与分析操作分散在横向可扩展的服务器与存储架构中。这一分布式的解决办法能够通过大规模并行处理以提高复杂分析的性能。它还支持通过增加服务器与存储节点来逐步扩展数据库的容量和性能。

一方面，这些分布式解决方案（包括图形导向型趋势分析）能够独立运行；另一方面，它们也可以集成至传统 RDBMS 系统以协调数据管理与分析。需要处理大数据的企业应当了解各种方案的优势和不足，部署解决方案时也应当满足企业的政策、一致性、管理与服务级别要求。其首要步骤是评估关键数据类型与数据需求并判断每个应用领域希望获取的洞察性信息。

二是高级数据交付与数据管理功能。所有分析解决方案都在进行软件创新以交付更高的功能、安全性和价值。其关键进步包括：

第一，更好地支持安全、合规的数据转换与传输。

第二，增强的分析算法提供更佳、更快的分析并更加高效地操作大型数据集。

第三，订制的可视化帮助各种类型的用户更加快速、清晰地了解分析结果。

第四，更紧密的数据压缩率，以提高存储利用率。

三是预封装的分析解决方案。访问、管理与分析海量数据在很多级别上来说都是艰巨的挑战，多数公司缺乏专家，因此无法从底层开始构建高价值的解决方案。所以，供应商们就以各种形式来填补空缺。

第一，优化的分析设备。众多厂商正在开发专用的分析设备，其设计用于支持大批量数据的快速分析。这些优化的设备能够快速部署并降低风险。它们交付的显著优势体现在集成性、高性能、可扩展性以及易用性方面。

第二，行业解决方案。很多厂商正在开发面向医疗、能源、制造与零售等特定行业需求的数据与分析解决方案。其专门打造的硬件与软件有助于解决特定的行业挑战，同时消除或大大降低客户方面的开发成本与复杂度。

第三，数据与分析即服务。最具转化力的价值可能最终来自为客户提供数据与分析即服务的厂商。价值交付方式很多，包括识别、聚合、验证、存储及交付原始数据，针对特定的企业或个人，或者企业内流程的需求提供订制的分析。这并不是新出现的想法。多年前企业就将数据密集型的任务交给合格的服务提供商托管。然而，我们正在进入数据交换的新时代，我们有望看到这些交易的规模、复杂度和价值出现爆炸式增长。云计算模式将加速这一趋势，为数据访问和分析共享带来全新的灵活性和效率。

四是知识平台。大数据应用需要知识平台的支持。企业大数据技术产品与开发平台如图 3-1 所示。

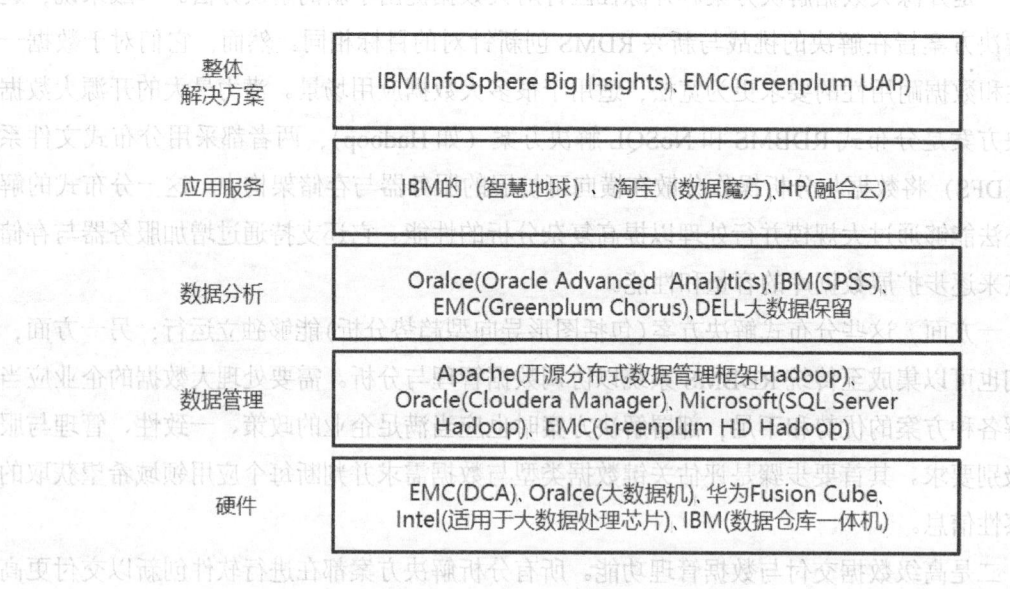

整体解决方案	IBM(InfoSphere Big Insights)、EMC(Greenplum UAP)
应用服务	IBM的（智慧地球）、淘宝（数据魔方）,HP(融合云)
数据分析	Oralce(Oracle Advanced Analytics),IBM(SPSS)、EMC(Greenplum Chorus),DELL大数据保留
数据管理	Apache(开源分布式数据管理框架Hadoop)、Oracle(Cloudera Manager)、Microsoft(SQL Server Hadoop)、EMC(Greenplum HD Hadoop)
硬件	EMC(DCA)、Oralce(大数据机)、华为Fusion Cube、Intel(适用于大数据处理芯片)、IBM(数据仓库一体机)

图 3-1　企业大数据技术产品与开发平台

二、大数据应用的前期准备

（一）制定大数据应用目标

大数据屡屡显示其威力，已经渗透进每一个领域。企业需要结合发展战略，明确大数据应用的阶段目标。一些典型的应用目标举例如下：

1. 气象领域

在气象领域，越来越多的人意识到，天气不再仅仅是影响人们生活和出行的信息，如果加以利用，天气将成为巨大价值的来源。

公司将气象分析加入他们的经营战略当中，并期待利用大自然获得更大收益。

美国国家气象频道（The Weather Channel）每天要处理20兆兆字节的数据，这里包括风、雨、雪、冰雹、龙卷风、温度、气压、湿度、地震、飓风、闪电等的相关数据。商业用户获取分析之后的气象信息，能更好地进行商业活动。比如，保险公司通过雨水的累计模型了解雨后汽车保险的索赔情况，医药公司通过气象地图了解各区域病人呼吸困难的原因等。

日用消费品公司、物流企业、餐厅、铁路、游乐园、金融服务等都需要气象信息。一些公司通过分析天气如何影响客户行为，从中探索出接下来的营销策略。另有一些公司对未来天气进行预测，预见未来价值风险，尽量找出竞争对手所不能预见的潜在问题。天气其实是最基本的大数据问题。

分析技术的进步和丰富的气象数据使得保险公司的分析创造力和判断正确性都显著提高。

2. 汽车保险业

通过分析车载信息服务数据，可以进行客户风险分析、投保行为分析、客户价值分析和欺诈识别。在为保险业提高利润的同时，降低了欺诈带来的损失。

3. 文本数据的应用目标

文本是最大的也是最常见的大数据源之一。我们身边的文本信息有电子邮件、短信、微博、社交媒体网站的帖子、即时通信、实时会议及可以转换成文本的录音信息。一种目前很流行的文本分析应用是情感分析。情感分析是从大量人群中挖掘出总体观点，并提供市场对某个公司的评价、看法或感受等相关信息。情感分析通常使用社会化媒体网站的数据。如果公司可以掌握每一个客户的情感信息，就能了解客户的意图和态度。与使用网络数据推断客户意图的方法类似，了解客户对某种产品的总体情感是正面情感还是负面情感也是很有价值的信息。如果这名客户此时还没有购买该产品，那价值就更大了。情感分析提供的信息可以让我们知道要说服这名客户购买该产品的难易程度。

文本数据的另一个用途是模式识别。我们对客户的投诉、维修记录和其他的评价进行排序，期望在问题表达之前，能够更快地识别和修正问题。

欺诈检测也是文本数据的重要应用之一。在健康险或伤残保险的投诉事件中，使用文本分析技术可以解析出客户的评论和理由。一方面，文本分析可以将欺诈模式识别出来，标记出风险的高低。面对高风险的投诉，需要更仔细地检查；另一方面，投诉在某种程度上还能自动地执行。如果系统发现了投诉模式、词汇和短语没有问题，就可以认定这些投诉是低风险的，并可以加速处理，同时将更多的资源投入高风险的投诉中。

法律事务也会从文本分析中受益。按照惯例，任何法律案件在上诉前都会索取相应的电子邮件和其他通信历史记录。这些通信文本会被批量地检查，识别出与本案相关的那些语句（电子侦查）。

4.时间数据与位置数据的应用

随着全球定位系统（GPS）、个人 GPS 设备及手机的应用，时间和位置的信息一直在增加。通过采集每个人在某个时间点的位置和分析司机、行人当前位置的数据，为司机及时提供反馈信息，可以为司机提供就近餐馆、住宿、加油、购物等信息。

如果能识别出哪些人大约在同一时间同一地点出现，就能识别出有哪些彼此不认识或者在一个社交圈子里的人，但是他们都有很多共同的爱好。婚介服务能用这样的信息鼓励人们建立联系，给他们提供符合个人身份或团体身份的产品推荐，帮助人们找到自己的合适伴侣。

5.RFID 数据的价值

无线射频标签，即 RFID（Radio Frequency Identification）标签，是安装在装运托盘或产品外包装上的一种微型标签。KFID 读卡器发出信号，RFID 标签返回响应信息。如果多个标签在读卡器读取范围内，它们同样会对同一查询做出响应，这样辨识大量物品就会变得比较容易。

RFID 应用之一：自动收费标签，有了它，司机通过高速公路收费站的时候就不需要再停车了。

RFID 数据的另一个重要应用是资产跟踪。例如，一家公司把其拥有的每一个 PC、桌椅、电视等资产都贴上标签。这些标签可以很好地帮助我们进行库存跟踪。

RFID 最大的应用之一是制造业的托盘跟踪和零售业的物品跟踪。例如，制造商发往零售商的每一个托盘上都有标签，这样可以很方便地记录哪些货物在某个配送中心或者商店。

RFID 的一种增值应用是识别零售商货架上有没有相应的商品。

RFID 还能很好地帮助我们跟踪物品(商品)流通情况，能反映其销售或展示情况。

RFID 如果和其他数据组合起来，就能发挥更大的威力。如果公司可以收集配送中心里的温度数据，当出现停电或者其他极端事件时，我们就能跟踪到商品的损坏程度。

RFID 有一种非常有趣的未来应用，跟踪商店购物活动，就像跟踪 Web 购物行为一样。如果把 RFID 读卡器植入购物车中，我们就能准确地知道哪些客户把什么东西放进了购物车，也能准确地知道他们放入的顺序。

RFID 的最后一种应用是识别欺诈活动，归还偷盗物品。

6.智能电网数据的应用

可以使电力公司按时间和需求量的变化定价，利用新的定价程序来影响客户的行为，减少高峰时段的用电量。可以解决为了应对高峰时段的用电量，另建发电站带来的高成本支出，以减少建发电站的费用和对环境造成的影响。

7. 工业发动机和设备传感器数据的应用

飞机发动机和坦克等各种机器也开始使用嵌入式传感器，目标是以秒或毫秒为单位来监控设备的状态。发动机的结构很复杂，有很多移动部件必须在高温下运转，会经历各种各样的运转状况，因为成本较高，所以用户期望寿命越长越好，因此，稳定的可预测的性能变得异常重要。通过提取和分析详细的发动机运转数据，我们可以精确地定位那些导致立即失效的某些模式。然后我们就能识别出会降低发动机寿命的时间分段模式，从而降低维修的频率。

8. 视频游戏遥测数据的应用

许多游戏都是通过订阅模式挣钱，因此维持刷新率对这些游戏会非常重要，通过挖掘玩家的游戏模式，我们就可以了解到哪些游戏行为是与刷新率相关的、哪些是无关的。

9. 社交网络数据的应用

Facebook等社交网络平台正在利用社交网络分析技术来洞察哪些广告会对何种用户构成吸引。我们关心的不仅仅是客户自己的兴趣表达，与此同等重要的是我们要关注他的朋友圈和同事圈对什么感兴趣。

通过分析消费者的行为数据和社交网络数据，给用户推荐他感兴趣或他朋友感兴趣的产品，以增加用户的购买行为。

（二）大数据采集

结合大数据应用目标，准备服务器、云存储等硬件设施，设计大数据采集模式，实施大数据采集战略。数据包括企业内部数据、供应链上下游合作伙伴的数据、政府公开数据、网上公开的数据等。常见的数据采集途径包括：

一是网络连接的传感器节点。

二是文本数据：电子邮件、短信、微博、社交媒体网站的帖子、即时通信、实时会议及可以转换为文本的录音文件。

三是对于汽车保险业，数据采集点为在交通工具上安装的车载信息服务装置。

四是智能电网：用遍布于智能电网中的传感器收集数据。

五是工业发动机和设备：数据采集点，发动机传感器可以收集到从温度到每分钟转数、燃料摄入率再到油压级别等信息，数据可以根据预先设定的频率获取。

六是通过网络日志、session信息等，搜集分析用户网上的行为数据。

七是数据库系统：从各类管理信息系统中采集日常交易数据、状态信息数据等。

（三）已有信息系统的优化

大数据应用对已有的信息系统提出了更高要求，从硬件上考虑，提高系统处理能力也是我们在做系统集成方案时所需要考虑的，在硬件上应主要从以下几方面去考虑：

一是主机选型。

二是运算能力。

三是存储系统与存储空间。

四是数据存储容量。

五是内存大小。

六是网络传输速率。

在软件上应主要从以下几方面去考虑：

一是升级数据备份策略。

二是开发适应大数据分析的数据仓库与数据挖掘方法，如开发并行数据挖掘工具。

三是开发分析大数据的商业智能系统平台。

第一，能处理大规模实时动态的数据。

第二，有能容纳巨量数据的数据库、数据仓库。

第三，高效实时的处理系统。

第四，能分析大数据的数据挖掘工具。

四是优化现有的搜索引擎系统、综合查询系统等。

（四）多系统、多结构数据的规范化

多系统数据规范化最好的方式是建立数据仓库，让分散的数据统一存储。对于多系统数据的规范化，可以建立一个标准格式的数据转化平台，不同系统的数据经过这个数据转化平台的转化，转为统一格式的数据文件。可以使用 ETL 工具，如 OWB（Oracle Warehouse Builder）、ODI（Oracle Data Integrator）、Informatic PowerCenter、AICloudETL、DataStage、Repository Explorer、Beeload、Kettle、DataSpider 等将分散的、异构数据源中的数据（如关系数据、平面数据文件等）抽取到临时中间层后进行清洗、转换、集成，最后加载到数据仓库或数据集市中，成为联机分析处理、数据挖掘的基础。

对于大多数反馈时间要求不是那么严苛的应用，比如离线统计分析、机器学习、搜索引擎的反向索引计算、推荐引擎的计算等，它是采用离线分析的方式，通过数据采集工具将日志数据导入专用的分析平台。但面对海量数据，传统的 ETL 工具往往彻底失效，主要原因是数据格式转换的开销太大，在性能上无法满足海量数据的采集需求。互联网企业的海量数据采集工具，有 Facebook 开源的 Scribe、LinkedIn 开源的 Kafka、淘宝开源的 Timetunnel、Hadoop 的 Chukwa 等，均可以满足每秒数百 MB 的日志数据采集和传输需求，并将这些数据上载到 Hadoop 中央系统上。

对多结构的数据，可以通过关键词提取、归纳、统计等方法，基于可拓学理论建立统一格式的基元库。基元理论认为，构成大千世界的万事万物可分为物、事、关系三大类，构成自然界的是物，物与物的互相作用就是事，物与物、物与事、事与事存在各种关系，物、事和关系形成了千变万化的大自然和人类社会。描述物的是物元，描述事的是事元，描述关系的是关系元。物元、事元和关系元通称基元，基元以 {对象，特征，量值} 的大数据技术与应用三元组表示，构成了描述问题的逻辑细胞。利用可拓学理论和方法，可以收集信息建立统一的形式化信息库。

第四节 大数据分析的过程及创新应用

一、大数据分析的基本过程

（一）数据准备

数据准备包括采集数据、清洗数据和储存数据等。主要步骤包括：

1. 绘制数据地图

选择用于挖掘的数据集，了解并分析众多属性之间的相关性，把字段分为非相关字段、冗余字段、相关字段，最后保留相关字段，去除非相关字段和冗余字段。

2. 数据清洗

通过填写空缺值、平滑噪声数据、识别删除孤立点并解决不一致来清理数据。如填补缺失数据的字段、统一同一字段不同数据集中数据类型的一致性、格式标准化、异常清除数据、纠正错误、清楚重复数据等。

3. 数据转化

根据预期采用的算法，对字段进行必要的类型处理，如将非数字类型的字段转化成数字类型等。

4. 数据格式化

根据建模软件需要，添加、更改数据样本，将数据格式化为特定的格式。

由于海量数据的数据量和分布性的特点，使得传统的数据管理技术不适合处理海量数据。海量数据对分布式并行处理技术提出了新的挑战，开始出现以 MapReduce 为代表的一系列研究工作。目前在线计算主要基于两种模式研究大数据处理问题：一种基于关系型数据库，研究提高其扩展性，增加查询通量来满足大规模数据处理需求；另一种基于新兴的 NoSQL 数据库，通过提高其查询能力、丰富查询功能来满足有大数据处理需求的应用。

（二）数据探索

利用数据挖掘工具在数据中查找模型，这个搜寻过程可以由系统自动执行，自底向上搜寻原始事实以发现它们之间的某种联系，也可以加入用户交互过程，由分析人员主动发问，从上到下地找寻以验证假定的正确性。对于一个问题的搜寻过程可能用到许多工具，例如神经网络、基于规则的系统、基于实例的推理、机器学习、统计方法等。

分析沙箱适合进行数据探索、分析流程开发、概念验证及原型开发。这些探索性的分析流程一旦发展为用户管理流程或者生产流程，就应该从分析沙箱挪出去。沙箱中的数据都有时间限制。沙箱的理念并不是建立一个永久的数据集，而是根据每个项目的需求构建项目所需的数据集。一旦这个项目完成了，数据就被删除了。如果沙箱被恰当使用，沙箱将是提升企业分析价值的主要驱动力。

（三）模式知识发现

利用数据挖掘等工具，发现数据背后隐藏的知识。常用的数据挖掘方法举例如下：数据挖掘可由关联（Association）、分类（Classification）、聚集（Clustering）、预测（Prediction）、相随模式（Sequential Patterns）和时间序列（Similar Time Sequences）等手段去实现。关联是寻找某些因素对其他因素在同一数据处理中的作用；分类是确定所选数据与预先给定的类别之间的函数关系，通常用的数学模型有二值决策树神经网络、线性规划和数理统计；聚集和预测是基于传统的多元回归分析及相关方法，用自变量与因变量之间的关系来分类的方法，这种方法流行于多数数据挖掘公司。其优点是能用计算机在较短的时间内处理大量的统计数据，其缺点是不易进行多于两类的类别分析；相随模式和相似时间序列均采用传统逻辑或模糊逻辑去识别模式，从而寻找数据中的有代表性的模式。

（四）预测模型

数据挖掘的任务分为描述性任务（关联分析、聚类、序列分析、离群点等）和预测任务（回归和分类）两种。

数据挖掘预测则是通过对样本数据（历史数据）的输入值和输出值关联性的学习，得到预测模型，再利用该模型对未来的输入值进行输出值预测。一般地，可以通过机器学习方法建立预测模型。DM（Data Mining）的技术基础是人工智能（机器学习），但是 DM 仅仅利用了人工智能（AI）中一些已经成熟的算法和技术，因而复杂度和难度都比 AI 小很多。

机器学习：假定事物的输入、输出之间存在一种函数关系 $y = f(x, \beta)$，其中 β 是待定参数，x 是输入变量，则 $y = f(x, \beta)$ 称为学习机器。通过数据建模，由样本数据（一般是历史数据，包含输入值和输出值）学习得到参数 β 的取值，就确定了具体表达式 $y = f(x, \beta)$，这样就可以对新的 x 预测 y 了。这个过程称作机器学习。

数据建模不同于数学建模，它是基于数据建立数学模型，它是相对于基于物理、化学和其他专业基本原理建立数学模型（即机理建模）而言的。对于预测来说，如果所研究的对象有明晰的机理，可以依其进行数学建模，这当然是最好的选择。但是实际问题中，一般无法进行机理建模。但是历史数据往往是容易获得的，这时就可使用数据建模。

典型的机器学习方法包括：决策树方法、人工神经网络、支持向量机、正则化方法等。

（五）模式评估

模型评估方法主要有技术层面的评估和实践应用层面的评估。技术层面根据采用的挖掘分析方法，选择特定的评估指标显示模型的价值，以关联规则为例，有支持度和可信度指标。

对于分类问题，可以通过使用混淆矩阵对模型进行评估，还可以使用 ROC 曲线、KS 曲线等对模型进行评估。

（六）知识应用

大数据决策支持系统中"决策"就是决策者根据所掌握的信息为决策对象选择行为的思维过程。

使用模型训练的结果，帮助管理者辅助决策，挖掘潜在的模式，发现巨大的潜在商机。应用模式包括与经验知识的结合、大数据挖掘知识的智能融合创新以及知识平台的智能涌现等。

二、数据仓库的协同应用

（一）多维数据结构

多维数据分析是以数据库或数据仓库为基础的，其最终数据来源与 OLTP 一样均来自底层的数据库系统，但两者面对的用户不同，数据的特点与处理也不同。

多维数据分析与 OLTP 是两类不同的应用，OLTP 面对的是操作人员和低层管理人员，多维数据分析面对的是决策人员和高层管理人员。

OLTP是对基本数据的查询和增删改操作，它以数据库为基础。而多维数据分析更适合以数据仓库为基础的数据分析处理。

多维数据集由于其多维的特性通常被形象地称作立方体（Cube），多维数据集是一个数据集合，通常从数据仓库的子集构造，组织和汇总成一个由一组维度和度量值定义的多维结构。

1. 度量值（Measure）

第一，度量值是决策者所关心的具有实际意义的数值，例如销售量、库存量、银行贷款金额等。

第二，度量值所在的表称为事实数据表，事实数据表中存放的事实数据通常包含大量的数据行。事实数据表的主要特点是包含数值数据（事实），而这些数值数据可以统计汇总以提供有关单位运作历史的信息。

第三，度量值是所分析的多维数据集的核心，它是最终用户浏览多维数据集时重点查看的数值数据。

2. 维度（Dimension）

第一，维度（也简称为维）是人们观察数据的角度。例如，企业常常关心产品销售数据随时间的变化情况，这是从时间的角度来观察产品的销售，因此时间就是一个维（时间维）。再如，银行会给不同经济性质的企业贷款，比如国有、集体等，若通过企业性质的角度来分析贷款数据，那么经济性质也就成了一个维度。

第二，包含维度信息的表是维度表，维度表包含描述事实数据表中的事实记录的特性。

3. 维的级别（Dimension Level）

第一，人们观察数据的某个特定角度（即某个维）还可以存在不同的细节程度，我们称这些维度的不同的细节程度为维的级别。

第二，一个维往往具有多个级别。例如，描述时间维时，可以从月、季度、年等不同级别来描述，那么月、季度、年等就是时间维的级别。

4. 维度成员（Dimension Member）

第一，维的一个取值称为该维的一个维度成员。

第二，如果一个维是多级别的，那么该维的维度成员是在不同维级别的取值的组合。例如，考虑时间维具有日、月、年这三个级别，分别在日、月、年上各取一个值组合起来，就得到了时间维的一个维成员，即"某年某月某日"。

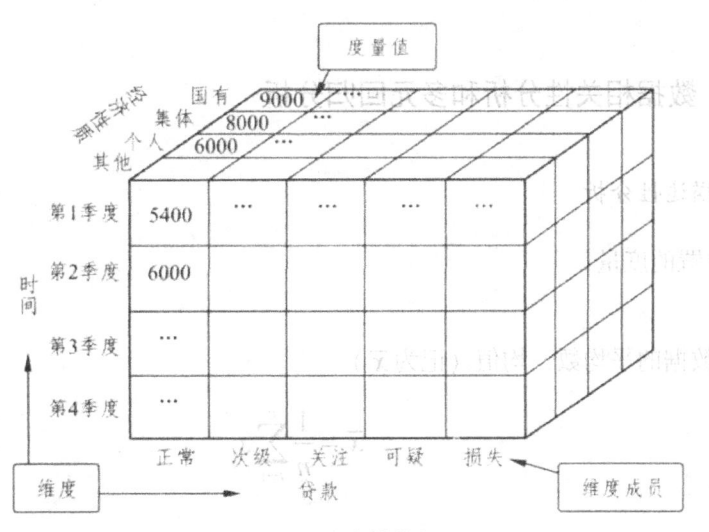

图 3-2 多维数据

（二）多维数据的分析操作

多维分析可以对以多维形式组织起来的数据进行上卷、下钻、切片、切块、旋转等各种分析操作，以便剖析数据，使分析者、决策者能从多个角度、多个侧面观察数据库中的数据，从而深入了解包含在数据中的信息和内涵。

1. 上卷（Roll-Up）

上卷是在数据立方体中执行聚集操作，通过在维级别中上升或通过消除某个或某些维来观察更加概括的数据。

2. 下钻（Drill-Down）

下钻是通过在维级别中下降或通过引入某个或某些维来更细致地观察数据。

3. 切片（Slice）

在给定的数据立方体的一个维上进行的选择操作，切片的结果是得到了一个二维的平面数据。

4. 切块（Dice）

在给定的数据立方体的两个或多个维上进行选择操作，切块的结果是得到了一个子立方体。

5. 转轴（Pivot or Roate）

转轴就是改变维的方向。维度表和事实表相互独立，又互相关联并构成一个统一的架构。

（三）数据相关性分析和多元回归分析

1. 数据描述性分析

（1）位置的度量

①均值

均值是数据的平均数，均值（记为 $\bar{x}$）

$$\bar{x} = \frac{1}{n}\sum_{i=1}^{n} x_i$$

它描述数据取值的平均值。

②顺序统计量

设 n 个数据（观测值）按从小到大的顺序排列为

$$x_{(1)} \leqslant x_{(2)} \leqslant \cdots \leqslant x_{(n)}$$

称为顺序统计量（Order Statistic），显然，最小顺序统计量为 $x_{(1)}$，最大顺序统计量为 $X_{(n)}$。

③中位数

中位数（Median，记为 me）定义为数据排序位于中间位置的值，即

$$m_e = \begin{cases} x_{\left(\frac{n+1}{2}\right)}, & \text{当}n\text{为奇数} \\ \frac{1}{2}\left(x_{\left(\frac{n}{2}\right)} + x_{\left(\frac{n}{2}+1\right)}\right), & \text{当}n\text{为奇数} \end{cases}$$

中位数描述数据中心位置的数字特征。大体上比中位数大或小的数据个数为整个数据的一半。对于对称分布的数据，均值与中位数比较接近；对于偏态分布的数据，均值与中位数不同。中位数的又一显著特点是不受异常值的影响，具有稳健性，因此它是数据分析中相当重要的统计量。

④百分数

百分位数（Percentile）是中位数的推广，将数据按从小到大排列后，对于 $0 \leqslant p < 1$，它的 p 分位点定义为

$$m_p = \begin{cases} x_{([np]+1)}, & \text{当}np\text{不是整数时} \\ \dfrac{1}{2}\left(x_{(pp)} + x_{(up+1)}\right), & \text{当}np\text{是整数时} \end{cases}$$

其中，[np]表示np的整数部分。

P分位数又称为第100p百分位数，大体上整个样本的100p的观测值不超过p分位数。如0.5分位数m0.5（第50百分位数）就是中位数me。在实际计算中，0.75分位数与0.25分位数（第75百分位数与第25百分位数）比较重要，它们分别称为上、下四分位数，并分别记为$Q_3 = m_{0.75}$，$Q_1 = m_{0.25}$。

（2）分散程度的度量

表示数据分散（或变异）程度的特征量有方差、标准差、极差、四分位极差、变异系数和标准误等。

（3）方差、标准差与变异系数

方差（variance）是描述数据取值分散性的一个度量，样本方差（Sample Variance）是样本相对于均值的偏差平方和的平均，记为s2。即

$$s^2 = \frac{1}{n-1}\sum_{i=1}^{n}(x_i - \bar{x})^2$$

其中，$\bar{x}$是样本的均值。

样本方差的开方称为样本标准差（Standard Deviation），记为s，即

$$s = \sqrt{s^2} = \sqrt{\frac{1}{n-1}\sum_{i=1}^{n}(x_i - \bar{x})^2}$$

变异系数是刻画数据相对分散性的一种度量，记为

$$CV = 100 \times \frac{s}{\bar{x}}(\%)$$

它是一个无量纲的量，用百分数表示。

与分散程度有关的统计量还有样本校正平方和CSS和样本未校正平方及USS

$$CSS = \sum_{i=1}^{n}(x_i - \bar{x})^2$$

$$USS = \sum_{i=1}^{n}x_t^2$$

(4) 极差与标准误

样本极差（记为 R）的计算公式为

$$R = x_{(n)} - x_{(1)} = \max(x) - \min(x)$$

其中，× 是由样本构成的向量。样本极差是描述样本分散性的数字特征。当数据越分散，其极差越大。

样本上、下四分位数之差称为四分位差（或半极差），记为 R_1，即

$$R_1 = Q_3 - Q_1$$

它也是度量样本分散性的重要数字特征，特别对于具有异常值的数据，它作为分散性具有稳健性，因此它在稳健性数据分析中具有重要作用。

样本标准误（记为 S_m）定义为

$$s_m = \sqrt{\frac{1}{n(n-1)}\sum_{i=1}^{n}(x_i - \overline{x})^2} = \frac{s}{\sqrt{n}}$$

(5) 分布形状的度量

①偏度系数

样本的偏度系数的计算公式为

$$g_1 = \frac{n}{(n-1)(n-2)s^3}\sum_{i=1}^{n}(x_i - \overline{x})^3 = \frac{n^2\mu_3}{(n-1)(n-2)s^3}$$

其中，s 是标准差，μ_3 是样本 3 阶中心距，即

$$\mu_3 = \frac{1}{n}\sum_{i=1}^{n}(x_i - \overline{x})^3$$

偏度系数是刻画数据的对称性指标。关于均值对称的数据其偏度系数为 0，右侧更分散的数据偏度系数为正，左侧更分散的数据偏度系数为负。

②峰度系数

样本的峰度系数（记为 g_2）的计算公式为

$$g_2 = \frac{n(n+1)}{(n-1)(n-2)(n-3)s^4}\sum_{i=1}^{n}(x_i-\overline{x})^4 - 3\frac{(n-1)^2}{(n-2)(n-3)}$$

$$= \frac{n^2(n+1)\mu_4}{(n-1)(n-2)(n-3)s^4} - 3\frac{(n-1)^2}{(n-2)(n-3)}$$

其中，s 是标准差，μ_4 是样本 4 阶中心距，即

$$\mu_4 = \frac{1}{n}\sum_{i=1}^{n}(x_i-\overline{x})^4$$

当数据的总体分布为正态分布时，峰度系数近似为 0；当分布较正态分布的尾部更分散时，峰度系数为正，否则为负。当峰度系数为正时，两侧极端数据较多；当峰度系数为负时，两侧极端数据较少。

2. 多元数据的数字特征及相关矩阵

对于 p 元总体 $(X_1, X_2, \cdots, X_n)$，其样本为

$$\left(x_{11}, x_{12}, \cdots, x_{1p}\right)^{\mathrm{T}}, \left(x_{21}, x_{22}, \cdots, x_{2p}\right)^{\mathrm{T}}, \cdots, \left(x_{n1}, x_{n2}, \cdots, x_{np}\right)^{\mathrm{T}}$$

其中第 i 个样本为

$$\left(x_{i1}, x_{i2}, \cdots, x_{ip}\right)^{\mathrm{T}}, i = 1, 2, \cdots, n$$

样本的第 j 个分量的方差定义为

$$s_j^2 = \frac{1}{n-1}\sum_{i=1}^{n}(x_{ij}-\overline{x}_j)^2, j = 1, 2, \cdots, p$$

样本的第 j 个分量与第 k 个分量的协方差定义为

$$s_{jk} = \frac{1}{n-1}\sum_{i=1}^{n}(x_{ij}-\overline{x}_j)(x_{ik}-\overline{x}_k), j, k = 1, 2, \cdots, p$$

称 $\overline{x} = \left(\overline{x}_1, \overline{x}_2, \cdots \overline{x}_p\right)^T$ 为 p 元样本的均值，称

$$S = \begin{bmatrix} s_{11} & s_{12} & \cdots & s_{1p} \\ s_{21} & s_{22} & \cdots & s_{2p} \\ \vdots & \vdots & & \vdots \\ s_{p1} & s_{p2} & \cdots & s_{pp} \end{bmatrix}$$

为样本的协方差矩阵。

样本的第 j 个分量与第 k 个分量的相关系数定义为

$$r_{jk} = \frac{s_{jk}}{\sqrt{s_{jj}}\sqrt{s_{kk}}}, j,k = 1,2,\cdots,p$$

称

$$R = \begin{bmatrix} r_{11} & r_{12} & \cdots & r_{1p} \\ r_{21} & r_{22} & \cdots & r_{2p} \\ \vdots & \vdots & & \vdots \\ r_{p1} & r_{p2} & \cdots & r_{pp} \end{bmatrix}$$

为样本的相关矩阵（Pearson 相关矩阵）

3. 数据回归分析

（1）一元线性回归

若 $(x_1,y_1),(x_2,y_2),\cdots,(x_n,y_n)$ 是 (X, Y) 的一组观测值，则一元线性回归模型可表示为

$$y_i = \beta_0 + \beta_1 x_i + \varepsilon_i, i = 1,2,\cdots,n$$

其中，$E(\varepsilon_i) = 0, \text{var}(\varepsilon_i) = \sigma^2 (i=1,2,\cdots,n)$

其回归分析研究的步骤是：首先，确定因变量 y_i 与自变量 $x_1, x_2, \cdots, x_n$ 之间的定量关系表达式，即回归方程；其次，对回归方程的置信度进行检查；最后，判断自变量 $x_n(n=1,2,\cdots,m)$ 对因变量的影响。利用回归方程进行预测。

（2）多元线性回归分析

设变量 Y 与变量 $X_1, X_2, \cdots, X_p$ 间有线性关系

$$Y = B_0 + B_1 x_1 + \cdots + \beta_p x_p + \varepsilon$$

其中，$\varepsilon \sim N(0,\sigma^2), \beta_0, \beta_1, \cdots, \beta_p$ 和 σ^2 是未知参数，$p \geq 2$，称上面模型为多元回归模型。

第四章　人工智能促进计算机课程教育改革

第一节　计算机基础课程改革研究的背景

一、计算机的发展

从古至今，人类为了能使计算更加简便、快速，对计算工具一直进行着探索。从最早用石子、树枝计数，到之后用算盘等一些简单的物理计算工具，再到电子计算器等，每一次新的计算工具出现都是人类的进步。由于近代科学技术的发展，19世纪初，电子管的发展大大促进了计算工具的发展，1946年，美国宾夕法尼亚大学和有关科研机构联合研究，制造出世界上第一台电子计算机，它的问世开创了计算工具的新时代，深刻影响着人类的发展。由于受当时的科学技术限制，计算机的体积、重量都非常巨大并且运行成本昂贵，只适用于军事领域当中用来计算数据。随后，人们对计算机开始了不断的研究，到了20世纪80年代，由于成本的下降，计算机开始在许多政府部门、大型企业及科研机构中使用。之后，随着微电子技术的发展，中央处理器（CPU）的诞生彻底改变了计算机的面貌，使计算机成本迅速下降，体积也缩小很多，计算机开始进入家庭，从此打开了信息时代的大门。到了21世纪，由于集成电路的研究和应用，计算机开始广泛地运用于各行各业。

从世界上第一台通用电子计算机ENIAC诞生至今，计算机在人们的生活中扮演着越来越重要的角色，并且不断地改变着人们的生活方式，促进着社会的进步，创造着更加辉煌的人类文明。实践证明，它是迄今为止人类最伟大的发明之一。计算机的发展也深刻影响着中国。近年来，随着我国计算机科学技术的发展，计算机更加深入、广泛地应用于国防建设领域、教育领域、商业领域以及工业领域等各个领域。同时，我国计算机用户数量与日俱增，计算机应用水平不断提升，在通信、互联网、多媒体应用、电子商务等方面都取得了不错的成绩，这些都有力地推动着我国计算机技术的发展。

第一代计算机采用的是机器语言运行处理，第二代出现了程序语言，第三代为简单操作系统，第四代采用Windows操作系统并沿用至今。在运行速度上，由原来很慢发展到如今几十亿次每秒的运算速度,用途也由最初只用于军事科研发展到如今人人可以拥有计算机。从其发展历史中不难发现,在应用需求的强大驱动和网络技术的迅速发展下,未来计算机正向着多元化、微型化、网络化和智能化的方向发展。

(一)计算机功能方面的化

在未来,计算机应该具备超大容量的存储空间、更快的运行速度(一般可以达到几百亿次每秒),功能方面也应更加多元化。另外,在军事领域和科研领域中还需要更大存储量、更快运行速度的超级计算机。

(二)计算机体积上的微型化

由于集成电路迅速发展,大规模、超大规模的集成电路在计算机中广泛使用,中央处理器(CPU)的诞生和不断更新换代,大大降低了计算机的成本,缩小了计算机的体积。另外,软件行业迅速发展和计算机外部设备趋于完善,以及新的操作系统问世,使计算机操作起来非常简便、功能强大。这些技术上的突破使微型计算机渗透进社会的各个领域,逐步走进人们的生活。随着新世纪微电子技术的进一步发展,计算机在体积上更趋于微型化,从台式机到笔记本,再到现在的掌上电脑、液晶电脑、平板电脑等,人们可以随身携带计算机,随时随地使用它。未来计算机会不断趋于微型化,还会出现体积更小的计算机。

(三)计算机的网络化

由于信息通信技术不断发展,将世界各地的计算机通过互联网连接在一起,拉近了人与人之间的距离,人们可以足不出户就浏览到世界各地的信息、风土人情,同时人们的沟通变得更加方便,网络中的资源也得到了极大的共享。未来,计算机网络化会进一步加深,发展速度更快,应用范围更广。

(四)计算机的人工智能化

第四代计算机在运行速度和功能方面都已经很高了,但比起人脑的逻辑能力仍显得笨拙。人们一直在探索如何让计算机具有人的思维能力,使计算机与人可以沟通交流,这也正是第五代计算机所要达到的目标,将人工智能与计算机结合,使其能具备人的逻辑判断能力,可以学习、思考和与人类交流。到那时,人们不用通过编码程序来运行计算机,而是通过发出指令或提出要求来操作计算机。

(五)其他技术在计算机中的应用趋势

我们现在所用的中央处理器的基本元件是晶体管,由于处理器不断地更新换代,硅技术的发展也越来越接近其自身的物理极限。要打破限制计算机硬件发展的瓶颈，就要从计算机的结构、元件等方面加以改革，使之发生质的飞跃。高新技术的不断发展，为计算机发展提供了强大的动力。未来，光电技术、量子技术、纳米技术、生物技术都会与计算机结合，并创造出新型计算机。

二、计算机的特点及广泛应用

计算机的出现是一个逐渐演变的过程，它的诞生是人类智慧逐步累积，从量变到质变的一次飞跃。

（一）计算机的特点

计算机是迄今为止人类发明的智能、精密的设备之一，有着广泛的应用领域，并具有如下特点。

1. 运算速度快

运算速度是计算机一个重要的性能指标。计算机的运算速度通常用每秒执行定点加法的次数或平均每秒执行的指令条数来衡量，运算速度快是计算机的特点。计算机的运算速度已由早期的每秒几千次（如 ENIAC 机每秒仅可完成 5000 次定点加法）发展到现在普通的微型计算机每秒都可执行万条指令，而巨型计算机的运算速度最高可达每秒几千亿次乃至万亿次。随着计算机技术的发展，计算机的运算速度还在提高。计算机高速运算的能力极大地提高了工作效率，把人们从脑力劳动中解放了出来。过去由人工旷日持久才能完成的计算，计算机在"瞬间"即可完成。曾有许多数学问题，由于计算量太大，数学家终其一生也无法将其解决，现在使用计算机则可轻易地解决。

2. 计算精度高

在科学研究和工程设计中，对计算结果的精度有很高的要求。一般的计算工具只能达到几位有效数字（如过去常用的 4 位数学用表、8 位数学用表等）的精度，而数据在计算机内是用二进制数编码的，数据的精度主要由表示这个数据的二进制码的位数决定，这样就可以通过软件设计技术来实现任何精度的要求。目前，计算机中数据结果的精度通常可达到十几位、几十位有效数字，还可以根据需要达到任意的精度。

3. 存储容量大

计算机的存储器类似人的大脑，可以存储大量的数据和计算机程序，这使计算机具有了"记忆"功能。因为有大容量存储器，计算机在计算的同时，还可以把中间结果存储起来，供以后使用。计算机存储器容量大小也是衡量一台计算机性能高低的一个重要标志。

目前，计算机的存储容量越来越大，最大存储容量已高达千亿字节。

4. 具有逻辑判断功能

人是有思维能力的，而思维能力本质上是一种逻辑判断能力。计算机借助逻辑运算也可以进行逻辑判断，并根据判断结果自动确定下一步该做什么。计算机的运算器除了能够完成基本的算术运算外，还具有进行比较、判断等逻辑运算的功能。这种能力是计算机处理逻辑推理问题的前提，也是计算机区别于其他机器的最基本特点。

5. 可靠性高

随着微电子技术和计算机技术的发展，现代计算机连续无故障运行时间可达到几十万小时以上，具有极高的可靠性。例如，安装在宇宙飞船上的计算机可以连续几年可靠地运行。计算机应用在管理中也具有很高的可靠性，而人却很容易因疲劳等原因出错。另外，计算机对不同的问题只是执行的程序不同，因而具有很高的稳定性。

6. 自动化程度高，通用性强

计算机的工作方式是将程序和数据先存放在机内，工作时按照程序规定的步骤自动完成运算，无须人工干预，因而自动化程度高，这一特点是一般计算工具所不具备的。计算机通用性强的特点表现在其几乎能解决自然科学和社会科学中的一切问题，能广泛地应用于各个领域。现代计算机不仅可以用来进行科学计算，还可用于数据处理、实时控制、辅助设计、办公自动化及网络通信等，通用性非常强。

（二）计算机的应用

计算机的应用已渗透到社会的各行各业，正在改变着人们传统的工作、学习和生活方式，推动着社会的发展。

1. 科学计算

科学计算是指利用计算机来完成科学研究和工程技术中提出的数学计算、数值计算，是计算机应用的一个重要领域。在现代科学技术工作中，科学计算问题是大量的和复杂的。科学计算利用计算机的高速计算、大存储容量和连续运算的能力，可以解决人工无法解决的各种科学计算问题。例如，建筑设计中为了确定构件尺寸，可通过弹性力学导出一系列复杂方程来进行。计算机不但能求解这类方程，而且可以引起弹性理论上的突破，有限单元法计算机的发明和发展最先是为了完成科学研究和工程设计中大量复杂的数学计算。没有计算机，许多科学研究和工程设计，如天气预报和石油勘探，是无法进行的。

2. 数据处理

数据是用于表示信息的数字、字母、符号的有序组合，可以通过声、光、电、磁、纸张等各种物理介质进行传送和存储。数据处理一般泛指非数值方面的计算，是对各种数据进行收集、存储、整理、分类、统计、加工、利用、传播等一系列活动的统称。

数据处理从简单到复杂，经历了四个发展阶段：

一是电子数据处理。它以文件系统为手段，实现一个部门内的单项管理。

二是管理信息系统。它以数据库技术为工具，实现一个部门的全面管理，以提高工作效率。

三是决策支持系统。它以数据库、模型库和方法库为基础，帮助管理决策者提高决策水平，改善运营策略的正确性与有效性。

四是专家系统。专家系统是一种具有大量特定领域知识与经验的程序系统，它应用人工智能技术，根据某个领域一个或多个人类专家提供的知识和经验进行推理和判断，模拟人类专家求解问题的思维过程，以解决该领域内的各种问题。

3. 过程控制

过程控制也称自动控制、实时控制，是涉及面很广的一门学科，在工业、农业、国防以及人们的日常生活等各个领域都有广泛应用。例如，由雷达和导弹发射器组成的防空系统、地铁指挥控制系统、自动化生产线等都需要在计算机的控制下运行。又如，在汽车工业方面，利用计算机控制机床和整个装配流水线，不仅可以实现精度要求高、形状复杂的零件自动化加工，还可以使整个车间或工厂实现自动化。

4. 计算机辅助系统

计算机辅助系统是近年来迅速发展的一个计算机应用领域，它包括计算机辅助设计（CAD）、计算机辅助制造（CAM）、计算机辅助教学（CAI）等多个方面。CAD广泛应用于船舶设计、飞机设计、汽车设计、建筑设计、电子设计；CAM是使用计算机进行生产设备的管理和生产过程的控制；CAI使教学手段达到一个新的水平，即利用计算机模拟一般教学设备难以表现的物理现象或工作过程，并通过交互操作，可以极大地提高教学效率。

5. 办公自动化

办公自动化（OA）是指用计算机帮助办公室人员处理日常工作。例如，用计算机进行文字处理、文档管理以及资料、图像、声音处理等。它既属于信息处理的范围，又是目前计算机应用的一个较独立的领域。

6. 数据通信

计算机通信是 20 世纪开始迅速发展起来的利用计算机进行数据通信的手段，它的出现极大地改变了人们进行信息交互的方式，是一种真正意义上的全天候、全双工通信。计算机网络技术的发展，促进了计算机通信应用业务的开展。目前，完善计算机网络系统和加强国际信息交流已成为世界各国经济发展、科技进步的战略措施之一，因而世界各国都特别重视计算机通信的应用。多媒体技术的发展给计算机通信注入了新的内容，使计算机通信由单纯的文字数据通信扩展到音频、视频和活动图像的通信。国际互联网的迅速普及，使网上会议、网上医疗、网上理财、网上商业等网上通信活动进入了人们的生活。随着全数字网络 ISDN 和 ADSL 宽带网的广泛使用，计算机通信进入了高速发展的阶段。总之，以计算机为核心的信息高速公路的实现，将进一步改变人们的生活方式。

（三）计算机应用的新发展

1. 普适计算

普适计算又称普存计算、普及计算，这一概念强调将计算和环境融为一体，而让计算本身从人们的视线里消失，使人的注意力回归到要完成任务的本身。在普适计算的模式下，人们能够在任何时间、任何地点以任何方式进行信息的获取与处理。

普适计算的核心思想是小型、便宜、网络化的处理设备广泛分布在日常生活的各个场所，计算设备将不只依赖命令行、图形界面进行人机交互，而更依赖自然的交互方式，计算设备的尺寸将缩小到毫米甚至纳米级。在普适计算的环境中，无线传感器网络将广泛普及，在环保、交通等领域发挥作用，人体传感器网络会大大促进健康监控及人机交互等的发展。各种新型交互技术（如触觉显示等）将使交互变得更容易、方便。

普适计算的目的是建立一个充满计算和通信能力的环境，同时使这个环境与人们逐渐地融合在一起。在这个融合空间中，人们可以随时随地、公开地获得数字化服务。普适计算的含义十分广泛，所涉及的技术包括移动通信技术、小型计算设备制造技术、小型计算设备上的操作系统技术及软件技术等。

在信息时代，普适计算可以降低设备使用的复杂程度，使人们的生活更轻松、更有效率。普适计算是网络计算的自然延伸，它不仅能够使个人计算机连接到网络中，还能让其他小巧智能设备连接其中，从而方便人们即时地获取信息并采取行动。

2. 网格计算

随着超级计算机的不断发展，它已经成为复杂科学计算领域的主宰。但超级计算机造价极高，通常只有一些国家级的部门（如航天、气象等部门）才有能力配置这样的设备。而随着人们日常工作遇到的商业计算越来越复杂，越来越需要数据处理能力更强大的计算机，而超级计算机的价格显然阻止了它进入普通人的工作领域。于是，人们开始寻找一种造价低廉而数据处理能力超强的计算模式，网格计算应运而生。

网格计算是伴随着互联网而迅速发展起来的专门针对复杂科学计算的新型计算模式。这种计算模式是利用互联网把分散在不同地理位置的计算机组织成一个虚拟的超级计算机，其中每一台参与计算的计算机都是一个结点，而整个计算是由成千上万个结点组成的一张网格。网格计算的优势有两个：一是数据处理能力超强；二是能充分利用网上的闲置处理能力。

实际上，网格计算是分布式计算的一种，如果某项工作是分布式的，那么参与这项工作的一定不只是一台计算机，而是一个计算机网络。充分利用网上的闲置处理能力是网格计算的一个优势，网格计算模式先把要计算的数据分割成若干"小片"，然后不同结点的计算机可以根据自己的处理能力下载一个或多个数据片断，这样，这台计算机的闲置计算能力就被充分地调动起来了。

不仅需要进行大型科学计算的国家级部门（如航天、气象等部门）关注网格计算，目前很多大公司也开始追捧这种计算模式，并开始有了相关动作。除此之外，一批围绕网格计算的软件公司也逐渐壮大和为人所知。有业界专家预测，网格计算在未来将会形成一个年产值 20 亿美元的大产业。目前，网格计算主要被各大学和研究实验室用于高性能计算的项目，这些项目要求巨大的计算能力，或需要接入大量数据。

综合来说，网格计算能及时响应需求的变动，汇聚各种分布式资源和利用未使用的容量，网格技术极大地增加了可用的计算和数据资源的总量。可以说，网格计算是未来计算世界中的一种划时代的新事物。

三、基于信息背景下的计算思维与计算机基础教学

计算思维是当前国际、国内的计算机科学界、哲学界、教育学界关注、关心的重要课题，计算思维的研究和发展对我国的计算机教育有重要的意义。目前，高等教育要全面提高教育质量、人才培养质量、科学研究水平，同时增强社会服务能力，优化结构，办出特色。优先发展教育，建设人力资源强国的战略部署，这就要求培养新一代"专业信息"的产业大军。其中，信息技术的核心之一是计算机技术，计算机基础课程作为计算机教育的载体，主动适应社会发展的需要是教育教学的主要方向。因此，当前计算机科学教学的重点应该是进一步加强计算机基础课程的建设以及确定计算机基础课程教学发展的方向。

基于培养能力的教学和学习模式是大学计算机基础课程教学最有效的教学方式之一。它的目的在于既保证学习者掌握课程知识，又潜移默化地运用方法解决专业问题、技术问题、生活问题、工作问题，最终内化这种高级思维能力，使学生成为综合型的创新人才。

（一）计算机基础课程地位及其重要性

1. 课程地位

高等学校计算机基础课程教学是学校通识教育的重要组成部分，对学习者综合素质的培养、创新能力的提高等发挥了重要作用。IEEE/ACM 于 2001 年提出了计算学科教程，把传统的计算机科学学科上升到计算学科，于 2005 年引入计算机专业教学大纲，将 Computing（相当于国内的计算机或者计算机科学与技术）划分为计算机科学、计算机工程、软件工程、信息技术和信息系统及其他有待发展的学科等子学科。

计算科学已经和数理方法、实验方法、统计方法一起成为现代科学研究的重要方法之一。当前，高校计算机基础课程教学的目的是在掌握计算机学科相关概念的基础之上进行一系列拓展性学习和实践研究的延伸。计算机基础课程主要包括计算机应用基础、程序设计、计算机原理、操作系统、数据结构、计算机网络、软件工程、数据库等课程，非计算机专业的主要课程则为计算机应用基础、程序设计、计算机网络类课程。

2. 课程重要性

如今，互联网的发展为获取知识资源和信息资源提供了更为便捷的条件，也为终身学习提供了更好的学习工具和更为广阔的学习空间。计算机的普及不仅给人们的学习、工作带来了便利，也极大地改善了人们的生活质量，因此，掌握计算机技术必不可少。而作为培育现代化人才的高等院校，计算机基础课程的开设就显得尤为重要。

（二）计算思维的发展

计算思维是每个人的基本技能，不仅仅属于计算机科学家。我们应当使每个孩子在培养解析能力时不仅掌握阅读、写作和算术（Reading、Writing、Arithmetic，即 3R），还要学会计算思维，犹如印刷出版促进 3R 的普及，计算和计算机也以类似的正反馈促进了计算思维的传播。这种思维在不久的将来会成为每一个人的技能组合，而不仅仅限于科学家，普适计算之于今天就如计算思维之于明天，而普适计算已成为今日实现的昨日之梦，计算思维就是明日之现实。计算思维是使用计算机科学的基础概念去求解问题、设计系统和理解人类的行为。它包括涵盖计算机科学广度的一系列思维活动。随即，这一概念被国内外计算机界、社会学界及哲学界的广大学者进行了广泛的研究与探讨。

第二节 计算机基础课程改革研究综述

一、关于计算思维基础理论的研究

定义计算思维的科学概念是开展计算思维相关研究的前提和基础三有学者将计算思维定义为思维过程或功能的计算模拟方法论，以计算为主体，用计算模拟人类思维，让计算具备思维特征。要在具体的课程教学中培养学生的计算思维，将计算思维看作是抽象思维能力、形式化描述、逻辑思维方法的综合，强调思维是主体，核心是如何让思维具有计算的特征。这两种观点分别从计算科学和思维科学两个方面出发，将计算和思维进行结合，但都具有片面性和狭隘性。

计算思维的定义是运用计算机科学的基本概念去求解问题、设计系统和理解人类的行为。这个定义涵盖整个计算机科学的一系列思维活动。计算思维是运用约简、转化、嵌入及仿真等方式方法，将一个看似困难的复杂问题转换为人们容易解决的思维方法；计算思维是一种递归性思维，可实现并行处理，既可以把数据翻译成代码，又可以把代码翻译成数据；计算思维基于关注点分离（方法），通过抽象和分解来完成复杂任务或者庞大复杂系统的有效设计；计算思维是一种在最坏情况下，通过保护、预防以及运用纠错、容错和冗余等方式来实现系统恢复的思维方法；计算思维利用启发式推理的方式来解决问题，也就是在不确定的情形下进行规划、学习和调度；计算思维可通过运用海量数据来提高计算速度，以此在时间和空间之间、处理能力和存储容量之间寻找平衡。

计算思维和计算机方法论之间的关系研究与当代数学思维和数学方法论的关系研究存在很多相似点。虽然计算思维是立足于思维科学层面来研究计算学科的根本问题和思维方法，计算机方法论是立足于方法论角度来研究计算学科的基本问题和学科形态，但两者是相辅相成、相互促进的。计算思维是运用计算机科学的思想与方法去求解问题、设计系统和理解人类的行为，它包括了涵盖计算机科学广度的一系列思维活动。这种定义的不足之处是没有站在思维科学的高度去认识计算思维自然科学领域有三大科学方法：理论方法、实验方法和计算方法。每一种科学又分为操作方法和思想方法两个层面，如果将思想方法层面等同于思维方法层面，那么与三大科学方法分别对应的是理论思维、实验思维和计算思维。将思想方法等同于思维方法只是一种假设，而且很多学者对是否将计算方法归为科学方法之一仍持怀疑态度，所以这种观点还在商榷之中。

当前，关于计算思维原理的研究较少，而且研究深度不够，仅有的参考文献也只对其进行了简单论述。计算思维的原理有计算设计性原理、可计算性理论和形理算一体原理。计算设计性原理是指利用硬件（物理元件）和软件（算法）相结合的方式来解决特定问题的原理。电子计算机的产生就是计算设计原理实际应用的典型例子。凡是图灵机可以计算的函数，均称为可计算函数，它一定能够用计算机进行计算；凡是图灵机不可计算的函数，称为不可计算函数，这些函数即使用大型计算机也无法求解，这便是著名的可计算性理论。形理算一体原理是指在相关理论的指导下计算具体问题，从而发现规律。该原理强调从物理数据或相关机制开始，积极寻求能求解问题的合适数学工具以及计算方法。从相关研究中，我们可以发现，大部分学者仅从计算的角度来总结归纳计算思维原理，立足于思维科学层面的研究欠缺。计算思维是一种思维科学，缺少思维科学指导的计算思维原理研究是不科学的和片面的。

二、关于计算思维培养的研究

大学计算机基础教学要加强培养学生计算机科学的认知能力、运用计算机解决实际问题的能力、网络环境下的协同合作能力以及信息科技社会进行终身学习的能力。大学计算机基础教学在强化基础知识和基本应用技能的基础上，注重培养学生用计算机分析和解决问题的思维和能力，理解计算机在处理问题过程中所展现的科学思维方式，从而不断提高学生的实践能力和创新能力。

在传统的大学计算机基础教学模式中，计算思维隐藏于能力培养之中，需要学生自己去领悟。而现在我们要将它直接展示给学生，以方便学生有目的地学习。计算思维的培养是通过能力的培养来践行的。计算思维是内隐的，而计算思维能力可以通过各种行为和活动成为外显的特质。建立计算思维在计算机基础课程中的表达体系，将其融入和映射到理论知识点和应用技能点之中，以能力标准作为计算思维在课程中的落脚点和表现形态，以能力要求来推动学生计算思维品质的提升，这是学生掌握计算思维思想与方法的有效途径。有学者对此提出了自己的看法：首先，计算思维的培养要落实在学生对知识体系、工具操作、问题解决策略进行抽象和加工的能力培养上；其次，能力标准是培养过程的执行依据，要有一定的指向性和目标性，应涵盖三个维度，即知识的重组与结构化、技术的控制与操作、问题解决策略；最后，这种基于抽象的能力不应只满足于解决知识获取的问题，应发展为一种方法论的思维，并将这种思维应用到学生的专业学科领域中。计算机基础课程改革应以能力标准为基础，开展知识内容的重组、教学活动的设计、教学资源的建设等。

三、关于计算思维能力与大学计算机基础课程建设的研究

构建以计算思维为核心的大学计算机基础课程体系，是培养学生计算思维能力的关键。早在2008年，美国计算机协会就在美国计算机科学教学大纲的中期审查报告中明确要求，将"计算导论课程"与计算思维绑定，并讲授与计算思维本质相关的教学内容。当前，我国很多高校以"计算机文化基础""计算机基础"等课程作为大学第一门计算机基础课程，这明显不能满足计算思维能力培养的需求。

构建以计算思维为核心的计算机基础课程体系，课程内容包括计算思维基础知识、计算理论、算法基础、程序设计语言、编程基础、计算机硬件基础、计算机基础软件等，并对课程的地位、性质、任务、基本要求等做出了详细说明。

计算思维能力培养是一个长期且潜移默化的过程，是在系统地学习中逐渐积累而成的，并不是通过一两门课程就可在短时间内形成，所以有学者积极倡导构建全新的大学计算机基础课程群。

我们应立足人才培养需求，从顶层设计出发，改革现有的课程体系，构建工程能力、应用能力、研究能力三者并重的大学计算机基础课程群，将计算思维能力的培养贯穿于整个课程体系中，并且要体现在计算机基础课程的教学内容、教学方法与模式以及教学管理中。通过人才培养体系的多视角研究，构建纵向分类、横向分层的大学计算机基础课程体系。

四、关于计算思维在教学中的应用研究

当前，虽然计算思维还未建立起系统的学科体系，但人们已经看到计算思维必将是信息时代人人必备的一种基本素质，广大计算机教育工作者已开始在教学实践活动中注重对学生计算思维能力的培养。同时，计算思维在不同专业学科教学活动中的推广和应用也逐渐开展起来。一些学者和科研机构开展了许多相关的研究和探索，形成了大量的研究成果。在离散数学课程教学中，我们可以引导学生利用计算思维去解决递归与等价关系数目的求解、模型与数理逻辑以及等价关系证明等问题。在图像处理课程教学中，结合教学实践和人才需求，探讨计算思维在实践教学、教学内容、教学方法等方面的实践和应用。

五、关于计算思维能力培养策略与途径的相关研究

为进一步落实我国高校以"计算思维能力培养"为核心任务的计算机教学改革工作，除全面深入认识和理解计算思维的本质和内涵外，我们更应积极探索培养计算思维能力的有效途径，并引导学生将计算思维灵活运用于解决各种实际问题中。"计算思维能力培养"的核心是改变教育观念，将计算思维有意识地融入教学内容、教学方法与手段以及整个课堂教学之中，潜移默化地帮助学生形成基本计算机文化素养的学习能力、思维能力和研究能力。在大学计算机基础教学中，要重点突出对学生计算思维意识的培养，尤其是将计算思维运用于各种专业实践活动的意识，并通过开展实验教学、整合教学资源平台、实施有效的考核形式与评定方法等途径来不断提升学生运用计算思维解决问题的能力。

计算思维能力的培养要以课堂教学为着力点，在教学中逐步提高学生的计算思维能力，并从讲授计算机基本概念、培养计算机基本技能与培养计算思维能力相结合、设计实验实践环节三个方面详细阐述计算思维能力的培养策略，在实践操作层面探讨培养学生计算思维能力的问题。现阶段，我国学者在学生计算思维能力的培养途径与策略方面已取得很多理论研究成果，但这类研究成果更需要在教学实践中进行验证和不断完善。过于注重

理论研究而忽视实践层面的验证与可行性研究,理论研究脱离实践应用,有所不足。

六、关于以"计算思维能力培养"为核心的大学计算机基础教学模式的研究

现阶段,我国高校的计算机基础教学模式应由灌输式教学向启发式、自主学习转变,由理论验证式向鼓励研究创新式转变。要以计算思维的内涵和本质为出发点,以先进的思维教学理念来积极构建、创新以"计算思维能力培养"为核心的教学模式。构建以教师为主导,以学生为主体,以能力培养为目标,以目标任务和问题探究为引导,注重基础,启发学生独立思考,鼓励学生创新,重视实践的思维教学模式。

计算机教学内容中有很多蕴含计算思维的相关知识点和典型案例,所以有学者建议在新的教学内容组织上,先归纳知识单元,再梳理出知识点所蕴含的可实现、可计算思维,并引出思考点,重点培养学生的计算思维,将知识传授逐渐转变为基于知识的思维传授,帮助学生构建起基于计算思维的知识体系。在教学过程中,教师可以选择那些既能体现计算思维处理方法,又能反映各个专业普遍需求的典型案例,通过讲授其中所蕴含的计算思维以及实现操作所运用的计算科学的思维思想与方法,引导学生逐渐树立起自觉将计算思维运用于解决专业问题的意识。有学者结合任务驱动式教学和计算思维教学的特点,构建以"计算思维能力培养"为核心的任务驱动式教学模式,该模式要求任课教师提前设计好课程教学任务和教学内容,学生在教师的指导下自主完成学习任务。

当前,我国以"计算思维能力培养"为核心的大学计算基础教学模式与方法的探索和研究虽已形成了很多各具特色的研究成果,但都是各学者基于自己学校的实际情况而提出来的,成果应用范围较小,示范和辐射作用受限,还未形成能向全国高校推广的普遍适用模式。

第三节 计算机基础课程改革研究的内容

一、相关问题的提出

针对目前学习者对计算思维认识的总体情况分析,立足于现今高校计算机基础课程的教学,以计算思维方法和计算思维能力培养为重点,通过开展基于计算思维方法的教学和学习,系统探索计算机基础课程教学中计算思维能力培养的教学模式和学习模式,以期促进创新型人才的培养,提高学习者的综合社会能力,把思维训练融合进计算机基础课程教学的各个环节,使计算机知识与思维能力共同提高、相互促进。构建计算机课程中基于方法的课程教与学的模式,教学者进行相应的课程教学,培养学习者的能力,主要有两个方

面的问题：第一，如何通过多种多样的教学模式培养学生的计算思维能力；第二，如何在计算机基础课程教学中实施计算思维的培养。

（一）计算机相关理论基础的建立

由于计算思维概念的提出和在教学中的大力提倡运用时间不长，对于相关理论基础和概念、学科体系等都没有准确地描述。对此，应该致力于研究分析计算思维发展的思维学科科学基础、思维教学理念以及计算思维国内外发展现状、计算思维的发展地位、计算思维在教学中的影响等。

（二）教学模型的设计

在计算机课程教学中，建立基于计算思维的教学改革与实践教学模式和学习模式。教与学的模式必须建立在教学模型的设计基础之上，在课程教学的各个环节运用关于计算思维的一系列方法，完成教学和学习任务，达到教学目标要求，构建基于计算思维的方法，培养学生相关能力的教学模型和学习模型。

（三）教与学模式的构建

对计算思维支持的课堂教学新模式进行多角度教学方法的探讨，以研究问题建立的教学模型为教学框架基础，探索在计算机课程中运用计算思维方法进行教学和学习。教学者运用计算方法进行教学，学习者运用计算思维方法思考和解决问题，使教学和学习两个方面相互衔接、相互联系。运用计算方法教学，使计算思维方法促进教学者的教学和学习者的学习，形成一套培养计算思维能力、基于计算思维方法的教育教学和学习的教与学的结构模式。

（四）教与学的模式在课程教学中的实践应用

针对提出的教学模式和学习模式，利用计算机相关课程来对其进行实证分析，通过其教学模式和学习模式的应用，进行基于计算思维方法教学和无计算思维方法教学的学习者求解问题的过程化对比，得到计算思维具体情境中的过程模型，验证该教与学模式的有效性。

二、相关研究内容

针对以上问题和目前面临的国内外形势，探索在计算机课程教学中基于计算思维的教学和学习模式，应从如下几个方面确定研究内容：

（一）计算思维发展情况分析

计算思维这一思维科学在中国还处于探索阶段，没有一个准确而完整的概念，也没有一个科学的概念体系支撑。在本书中，需要梳理计算思维目前在国内外的具体发展情况，同时分析当前科学思维的培养观，为其应用于教学的基础和可行性提供研究支撑。

（二）教学模型的设计

基于计算思维方法建立计算机基础课程教学与学习模式的培养模型，使学习者在计算机基础课程中牢固掌握计算机科学的基础概念，能够运用计算机科学的基础概念进行问题求解和系统设计，使对能力的提高和培养以形式化增量的形式直观反映给各位教学者和学习者。同时，为多种教学模式和多种学习模式在计算机基础课程中的教与学应用奠定基础。

（三）教与学模式的构建

建立基于计算思维的计算机课程教学改革与实践模式，在教学模型设计基础上，构建基于计算思维的教与学模式，用形式化增量和课程应用方式表达计算思维方法的作用。

（四）教与学的模式在计算机基础课程教学中的应用实践

选取语言程序设计和软件工程课程课堂教学以及基于网络环境的软件工程学习系统为教学实践平台，进行基于计算思维的教学模式和学习模式应用实践，并通过对比有计算思维方法与无计算思维方法培养的过程性题目的调查分析，提出计算思维能力形成的过程模型。

（五）软件工程课程改革在线学习系统建设应用

建立一个基于计算思维的软件工程课程教学改革在线学习系统，探索一种适合软件工程课程网络、在线培养计算思维能力的多角度教学和学习方法来实行案例教学，给学习者提供课堂教学、习题作业、疑问解答等多方位教学模块资源。通过开放式实验教学视频，鼓励学习者自主立项，激励学习者创新，充分调动学习者学习的积极性和主动性，培养科学的实验方法和严谨的工作态度。运用网络学习平台，对教学内容等进行可持续发展的利用和改进，使基于计算思维方法的网络自主学习模式得到应用和发展。

（六）计算思维专题网站建设应用

建立计算思维专题网站，跟进国内国际的相关研究和进展，积极发现各学科特别是计算机科学学科、计算学科、思维学科等对计算思维发展的影响，包括跟进国内外相关研究方面的新思想、新进展，整理、概括利于其研究发展的相关文献、视频等方面的研究，追踪计算思维发展建设方面专家学者的研究工作，研究相关软硬件资源，应用研究案例、计算思维的交流论坛等，帮助解决国内计算思维研究领域的发展和计算思维专题性网站的空白，同时运用该网站辅助软件工程教学改革网络平台中基于计算思维自主学习的实现。其工作主要是借助专题网站的发展宣传，为计算思维的研究引入更新、更多的有利于发展的观点和思想，更好地开展研究工作。

第四节 计算机基础课程改革研究的目标与意义

一、研究目标

（一）目标一：确立计算思维培养地位

无论在国外还是国内，计算思维的研究已经被提到了一定的高度，但如何培养计算思维能力，是目前值得计算机教育界探讨和探索的问题。如何正确认识和准确定位计算思维在计算机基础课程教学过程中的贯彻和落实，如何针对当今的计算机基础课程教学进行课程内容的改革，以适应社会科技形势发展的需要，是当今计算机基础课程教学面临的重要挑战。因此，必须确定计算思维的发展情况，确立思维教学，特别是基于计算思维的教学学科体系。

（二）目标二：基于计算思维的教学模式与学习模式的构建

通过对计算机基础课程教学的阐述，探索出基于计算思维方法的课程教与学的模式，要求学习者在教学者的指引下，运用计算机基础概念或者计算机的思想和方法，学习知识，解决实际问题。要求教学者通过课程的教学内容、教学手段以及教学技术等，使学习者掌握计算机方法论，提高计算思维能力，在走向社会时能很快适应工作的要求。

（三）目标三：课程应用与 TR 结构共同完成课程教学改革与实践

探索基于计算思维的教学模式在语言程序设计、软件工程课程教学中的实践应用，分析课程对应的培养目标，构建教学模式在具体课程的实施程序。探索基于计算思维的学习模式应用，形成一专（计算思维专题网站）一改（软件工程课程教学中计算思维能力培养模式探索教改项目）的系统结构模型（TR 结构模型）。结构模型首先以专题网站对这一新兴思维的本质、特征、发展、原理、国内外动态、相关研究、教学案例等进行专题说明；其次，在软件工程课程教学中，运用计算机科学基础概念设计系统，求解问题，理解人类开发设计系统的行为，构成一个以计算思维专题网站为主体、能力培养为核心、软件工程教学改革在线学习系统为应用载体的新型计算机基础课程教学改革培养模式，为课程教学中的培养奠定基础。

二、研究意义

(一) 理论意义

计算思维在教学中的培养研究越来越受到教育单位的关注和重视，基于计算思维的计算机课程教学是深化培养计算思维能力的一个重要方面。本研究的理论意义主要表现在如下几个方面：

1. 国家政策方面

从国家对人才培养"专业信息"的要求出发，计算机技术是信息技术的核心之一，计算机课程是培养学习者计算思维能力最重要的课程，建立一套基于计算思维能力培养的理论框架结构，对将来计算机教育的发展能起到重要作用。

2. 学科发展方面

目前，计算科学已经和数理方法、实验方法、统计方法一起成为现代科学研究的重要方法。ACM/IEEE引入的计算机专业教学大纲将Computing(计算机或计算机科学与技术)划分为计算机科学、计算机工程、软件工程、信息技术和信息系统及其他有待发展的学科等子学科。计算思维贯穿整个计算机学科，在学科发展方面，建立各种基于计算思维能力培养的教学模式和学习模式，并提出具体的教学方法和学习方法等支持策略，发展并完善整个学科的教学模式设计理论与方法的框架体系，是目前计算机学科发展的方向。同时，计算机是一门学科还是一台机器，这种认识对学习者计算思维能力的培养起到了奠基性的作用。

3. 教育发展方向

必须正确认识大学计算机基础课程教学的重要地位，要把培养学习者的计算思维能力作为计算机基础教学的根本任务，并以此为基石，建立完备的计算机基础课程教学体系。因此，对计算思维与计算机基础教学的研究对教育教学中培养计算思维能力具有指向性作用，也为落实计算思维能力培养、计算机课程教学改革树立了旗帜。

第五章 人工智能与计算机教学人才培养

第一节 人工智能与职校教育及人才需求

一、人工智能与职校教育

（一）概念的提出

1. 人工智能时代的到来对职校教育人才培养目标提出新要求

随着人工智能技术的日益成熟，人工智能时代正加速到来。在新的时代，新技术和新产业蓬勃发展，促使工作模式发生了革命性变革，很多人类的工作都将被智能机器所取代，同时又产生了一些新的工作岗位，大量人员面临重新就业和转业问题。要想成功应对科技革命带来的工作革命必须依靠教育革命，而与就业联系最为紧密的职业教育该如何发展，是一个严峻的课题。职校教育又该如何在国家总方针政策下明确人才培养目标的具体内容，如何进一步细化总要求来达到培养合格人才的目的，是当今职校教育发展的当务之急。

2. 人才培养目标是高等职业院校实现育人功能的基本依据

只有深入开展职校教育的基础理论研究，才能制定科学的政策方针指导职校教育的发展。"培养什么人"和"怎样培养人"的人才培养问题是职校教育理论研究的根本问题之一，而人才培养目标的定位则是人才培养问题的关键。人才培养目标作为各级各类学校对其培养人才的标准和要求，无论对整个教育还是对具体学校具体专业的发展都有着重要的意义。它是学校教育体系中各种重要关系的结合点，一方面连接着社会经济发展对职校教育的要求，体现着社会发展对人才的最新需求；另一方面连接着高职院校的人才培养过程，决定着高职院校各项工作的整体方向和根本原则，是高职院校确定课程内容的基本前提，也是推动教学工作的基本依据。因此，为了实现职校教育又好又快地发展，职校教育必须准确把握定位和发展方向，自觉承担起服务社会的时代责任，培养社会发展所需要的合格人才。

3. 已有研究缺乏对新时代职校教育人才培养目标的关注

研究人工智能时代下职校教育的人才培养目标至关重要。但是从整个人工智能与教育的研究领域来看，人才培养目标问题的研究并没有引起学者的广泛关注和深入探讨。通过对已有研究分析可以发现，关于人工智能与职业教育的研究很少，已有研究也仅仅是从职业教育的宏观层面去探讨人工智能带给职业教育的冲击以及职业教育该如何改革，并没有针对性地分析人工智能时代下的职业教育具体该如何制定培养目标，如何培养适应时代发展的新型人才，关于新时代下职校教育人才培养目标的研究成果更是没有，本书将进行初步探讨。

（二）概念界定

概念界定是进行科学研究的基础，研究主题为"人工智能时代下的职校教育人才培养目标"，因此必须对其中的三个关键概念"人工智能""职校教育"以及"职校教育人才培养目标"做出界定。根据研究的主题内容，结合相关的理论和文献，对这三个核心术语做如下界定：

1. 职校教育

职校教育是高等教育的重要组成部分，是为了适应经济和科学技术发展的需求而产生的。职校教育奠定在中等职业教育的基础上，是职业教育的高级层次，在社会经济的发展中发挥着不可估量的作用。职校教育即一种针对特定职业岗位所需知识、能力和素质，并在一定程度上突出职业性和应用性特征的高等教育类型，一般将其限定在专科层次。

2. 职校教育人才培养目标

第一，培养目标是指根据一定的教育目的和约束条件，对教育活动的预期结果，即学生的预期发展状态所做的规定。它是根据国家的教育目的和学校的自身定位，对培养对象提出的特定要求，是对各级各类人才的具体培养要求。

第二，人才培养目标作为各级各类学校对其培养的人的具体标准和要求，在教育界形成了较为明确的定义，人才培养目标也称教育目标，指各级各类学校的具体培养要求。人才培养目标必须符合国家教育方针中指明的总体发展方向和教育目的中对人才培养规定的根本性要求，它可以为具体的课程目标和教学目标提供参考。

第三，职校教育人才培养目标在整个现代职业教育体系中起着重要的指导作用，是职校教育实践活动的出发点，也是检验职校教育质量高低的理论标准。关于职校教育的人才培养目标，从目标定位主体的角度来说，可以划分为国家层面在政策文件中明确的人才培养目标、高等职业院校层面在教育实践中确立的人才培养目标以及专业层面具体的人才培养目标。

二、人工智能带来的影响及其人才需求分析

随着物联网、云计算、3D打印技术以及虚拟现实技术的快速发展，人工智能时代加速到来。它与之前的时代最大的区别就是图像识别、语音识别、自然语言处理等智能技术飞速发展，以及智能家居、智能医疗、智能机器人等智能产品融入人们的日常生活中。人工智能时代下AI技术的发展颠覆了企业的发展模式，改变了人们的生活方式，对传统职校教育也产生了深刻的影响。这一系列变化引发了人才需求的改变，对人才的培养目标提出了新要求。

（一）人工智能的发展概况

1. 人工智能的特征

人工智能的特征主要表现为以下三个方面：一是以大数据为基础，依托于强大的计算，服务于人类。通过计算对数据进行收集、加工和处理，形成有价值的信息流和知识模型，从而为人类提供服务；二是具有感知环境的能力，能够迅速产生反应并且与人交互，优势互补。人工智能系统能够借助传感器对外界的环境进行感知，借助于键盘、鼠标、屏幕、VR和AR等方式，对外界输入的信息产生文字、语音和动作等一系列反应，使人与机器之间可以产生互动，并且可以共同协作完成任务；三是有极强的适应能力和学习能力，具有一定的连接扩展功能和调节能力。人工智能系统在理想情况下具有一定随环境、数据或任务变化而自适应调节参数或更新优化模型的能力，在此基础上还可以与云端、人、物进行数字化连接扩展，同时可以通过不断地调节来应对复杂变化的现实环境，从而使人工智能系统在各行各业产生丰富的应用。

2. 人工智能的发展现状与趋势

如今，企业的生产线上布满了高效且不知疲倦的机器人，人脸识别成了鉴定身份的新方式，电话客服变成了温柔的智能服务机器人……人工智能出现在了我们工作和生活的每一个场景中，大放异彩。

（二）人工智能带来的影响

1. 企业的发展模式向智能化转变

在人工智能时代，企业的发展模式向智能化转变。首先，智能化表现在智能开发上。产品的设计和研发建立在大数据分析顾客需求的基础上，充分体现了个性化和订制化的理念。另外，3D打印技术的发展极大地缩短了产品的设计周期，提高了产品的研制效率。其次，智能化表现在智能生产上。面对"机器换人"趋势愈演愈烈的情况，单一岗位的技能操作型人才将大幅减少，工人的角色发生了巨大改变，他们将由操作者转变为智能机器的管理者，需要监管整个生产流程的运转，包括调试、监督和协调智能机器的运作，对其进行规划、决策和评估，还要对智能机器进行保养和维修。企业智能化的发展模式要求工作人员必须具备智能装备编程能力和数据分析能力，只有这样才能更好地适应工作的需要。人工智能时代下企业智能化的发展模式对人才的需求发生了变化，这必将带来职校教育人才培养目标的变革。

2. 人们的生活方式向智慧化转变

在人工智能时代，人们的生活方式向智慧化转变。首先，人工智能时代，人类生活方式的基本特征表现为便捷性。人工智能技术已经成了手机上大部分应用程序的核心驱动力。AI技术渗入我们日常生活中的每一个角落，人们借助各种智能终端进行工作、学习、出行、娱乐和购物，这使得人们的生存空间得以扩展和延伸，人们的生活变得更为方便。同时，个人/家庭服务机器人的应用给我们的生活带来了极大的便利，智能家居不仅让我们的生活更加舒适，还将我们与整个世界连接在了一起。其次，人工智能时代人类生活方式的基本特征还表现为虚拟性。人工智能时代下人类的实践活动完全可以建立在超越现实的基础上，我们可以借助各种技术手段体验现实世界中没有的东西，而VR正为我们的虚拟性生活提供了最好的手段。最后，人工智能时代下人类生活方式的基本特征还表现为个性化。人工智能技术平台为人类创造了一个人人都可以自由进入、人人都可以展现自我才能的空间，数字化的平台为全面发掘人的主观能动性和创造性提供了新的手段，进一步强化了个人的创造意识和主动意识，彻底实现工作与生活上的开放、独立、平等与自由。生活方式的改变要求我们以新的姿态来面对我们的学习、工作和生活，那么，究竟该培养什么样的人来适应新的工作，培养什么样的人才能够更好地适应这样的生活方式，这势必会引起职校教育人才培养目标的变革。

3. 人工智能时代的到来对职校教育产生了深刻的影响

人工智能时代的到来对职校教育产生了深刻的影响。一方面，面对人工智能技术对就业市场的巨大冲击，职校教育受到了巨大的挑战，主要包括职业教育的办学形态需要转变、专业设置需要调整以及教学内容需要革新。在新时代的新要求下，职校教育应更加注重学生的生涯转换需求，办学形态向智能化和开放化转变；专业设置要基于社会对人才的需求来进行增加、删减或融合；教学内容要更加注重对学生创新能力和复合职业能力的培养。另一方面，AI 技术的发展为教师的精准化教学、学生的个性化学习以及学校的科学化管理提供了技术条件。教师可以通过技术平台分析学生的个性化需求，制订教学方案，共享教学资源；学生可以通过技术平台与教师、同学以及企业工作者进行交流沟通，同时还可以利用 VR 技术模拟客观现实情景，借助人工 AR 技术进行实训模拟和生产实践；学校通过技术平台可以进行校园数据的统筹分析，生成可视化分析图，为学校管理者提供基于数据与模型的决策建议，这使得职校教育实现了"教、学、管"全方位智能化发展。因此，我们必须改革传统的职校教育，尤其是人才培养目标的变革，迎接新技术带来的巨大冲击，加强职校教育的现代化和信息化建设，提高人才培养质量，切实增强职校教育的活力。

（三）人工智能所引发的人才需求分析

1. 具有人工智能思维的人才

与工业时代的思维模式相比，人工智能时代的思维模式更加强调"以人为本、用户至上"的理念。人工智能背景下，社会生产和生活中需要的不仅是有知识、有技能的人才，还应该是具有人工智能思维的人才。首先，人工智能思维是一种理解尊重的思维。人工智能技术的发展使得订制化生产成了现实，企业越来越追求优化效率，顾客越来越追求消费品质。客户可以通过特定的平台对企业的设计和生产提出自己的想法，企业则按照客户的需求进行产品的优化和升级，从而满足用户的个性化需求，让用户获得最佳体验。对顾客消费个性化和差异化的理解和尊重就需要新时代的人才具有理解尊重的思维。其次，人工智能思维是一种平等协作的思维。人工智能技术的发展不仅让我们在工作中增加很多机器人同事，也使我们在生活中增加很多机器人帮手。要想在工作和生活中过得得心应手，必须学会与机器人平等友好地相处，协作完成一些任务，因此，平等协作的思维在人工智能时代下显得尤为重要。

2. 人工智能应用型人才

随着人工智能技术的不断应用和发展，全球人工智能产业格局发生了巨大的变化，各国都加大技术研发投入和科技创新力度，积极布局人工智能产业。因此，人工智能应用型人才将成为推动智能产业发展的重要力量。所谓人工智能应用型人才，是指能够将人工智能技术与传统行业进行融合，可以利用新技术促进行业发展的人才。他们不仅对人工智能技术有一定的了解，而且对整个行业的发展模式也有较为深刻的理解，能够根据不断更新的信息及时制定新的发展策略。人工智能时代科学技术的迅猛发展使得行业的发展加快，企业为了自身的发展势必会寻求集专业知识和技能以及人工智能技术于一体的人才。因此，掌握AI知识并且能够熟练地将所学知识应用于实践的人工智能应用型人才在新时代将会非常抢手。

3.跨界复合型人才

人工智能时代下，各类新型高端技术层出不穷，智能化工作环境中工作内容的复杂程度大幅提高，复合型工作者成为社会的必需人才。我国知名的职教专家姜大源老师很早就提出职业教育是一种"跨界的教育"，并认为"跨界"是职业教育的本质特征。[①] 人工智能时代下，不同行业之间相互融合，产业之间的边界也逐渐被打破，尤其是制造业和服务业之间融合发展，这样就使得每位工作者的工作范围大大增加，一位工作者很可能既是产品的设计者，也是产品的生产者，同时还是产品的销售者。个体要想很好地完成这些工作，必须对不同专业领域的知识和技能都有所了解，既要掌握技术技能，还要掌握大数据和智能设备的维护和调试，除此之外还能够用多样化的方式与顾客沟通，满足顾客的需求。因此，职校教育应及时调整人才培养目标，更加注重培养学生的综合职业能力，具体包括跨学科能力、创新能力和独立思考能力等。培养跨界复合型人才在人工智能时代下将显得至关重要。

第二节 人工智能时代下职校教育人才培养目标及实现路径

一、人工智能时代下职校教育人才培养目标分析

职校教育人才培养目标是人才培养问题的核心，合理地定位人工智能时代下职校教育的人才培养目标是高等职业院校进行专业设置、课程安排和有效开展教学的前提条件，也是确保人才培养质量的重要基础。人工智能时代下职校教育人才培养目标的定位既要考虑社会发展对人才的时代需求，也要遵循教育的发展规律，既要从整体的类型定位、层次定位和能职定位三方面考虑，也要从具体的知识结构、能力结构和品德结构三方面明确培养规格。

（一）目标定位的依据

人才培养目标是所有学校教育活动的出发点和最终归宿，它的定位既需要与社会经济

---

① 《职业教育学研究新论》是2007年1月1日教育科学出版社出版的一本图书，作者是姜大源。

科技的发展相匹配，也需要科学理论的指导，同时也离不开对国家政策文本的分析。因此，在定位人工智能时代下职校教育的人才培养目标之前，要充分了解社会生产力的需求，并且在成熟的理论成果和政策文本中进行深度挖掘。

1. 现实依据

（1）社会经济科技的发展是人才培养目标确立的根本依据

社会经济科技的发展是职校教育人才培养目标确立的根本依据。职校教育人才培养目标的确立应该是动态的，是随着经济、科技和社会的发展而不断变化的。人类在农业社会的生产方式是作坊式的手工、小规模生产，对应职业教育的形式是学徒制。第一次科技革命意味着蒸汽时代的到来。蒸汽机的出现解放了人类的双手，极大地提高了社会生产力，出现了机器生产，工厂制度建立后出现了早期的职业学校；第二次科技革命意味着电气时代的到来。电力的广泛使用实现了生产电气化，标准化生产成为常态，为适应这种需求出现了大量的中等职业学校培养适应大规模流水线的人才；第三次科技革命意味着信息时代的到来。计算机和互联网的飞速发展不仅让人们的生活水平和生活质量得到了质的提升，也让社会经济实现了飞跃发展，就业岗位的技术含量越来越高，20 世纪 60 年代开始，美国的社区学院、英国的技术学院等一批高等职业院校应运而生。如今，随着人工智能时代的到来，AI 技术给人们的生活和社会的发展带来颠覆性改变，这不仅仅是技术层面的变革，同时也是生产组织方式的革新，是生产力与生产关系的嬗变。从历史发展的进程中可以看出，历次科技革命都引起了经济结构、社会生活和工作方式的深刻变革。在人工智能时代，社会经济将再一次腾飞，人们的生活方式和企业的生产方式将极大地改变，人类的文明进程将会向前迈进一大步。在可预见的未来，产业结构将不断升级，我们的生活和工作都将发生翻天覆地的变化，我们的教育势必要提前行动，培养能够适应人工智能时代的新公民，职校教育势必也要提前布局，要积极拥抱新科技革命的浪潮，重新定位人才培养目标，在人工智能时代抢得先机，从而实现自身的可持续发展。

（2）就业市场的需求是人才培养目标确立的直接依据

随着科学技术的不断发展，"人工智能 + 物联网 + 大数据 +"呈现出革命性的突破，社会产业业态被重构，新技术缔造了新的产业，同时导致商业模式和就业市场的变化。首先，新一代智能技术的发展促使"AI+X"产业迅猛出现，各个领域需求的人才不仅需要精通专业知识和技能，还必须懂人工智能技术。同时，一大批人工智能创业公司群雄逐鹿。企业只有跟上时代的步伐，才能在商业竞争中立于不败之地，而人才则是企业发展过程中最重要的资本。适应经济结构和产业结构的优化调整，满足企业和市场的人才需求是职校教育健康发展的重要前提，面对新型企业需要大量人工智能人才的发展状况，职校教育原有的人才培养目标所培养的人才已不能完全适应就业市场的新需求。因此，必须重新确立人才培养目标，构建新的人才培养方案，以应对人工智能时代下就业市场对人才的新要求，使我国的人才供给和产业需求达到平衡。

2. 理论依据

(1) 马克思关于人的全面发展学说理论

①马克思关于人的全面发展学说理论的基本内容

马克思以历史唯物主义的方法论，在对个人发展与社会发展的关系做了哲学、经济学、社会学考察的基础上提出了关于人的全面发展学说。理解马克思关于个人的全面发展的思想，需要结合马克思所处的时代背景。《资本论》创作于资本主义的初级阶段，工人阶级受到残酷的剥削和压迫，阶级矛盾非常突出。马克思以阶级分析为方法，分析了社会劳动的分工所造成的人的片面发展。今天的世界虽然由于科学技术高度发展使得生产发展主要靠智力劳动推动，但劳动分工依然存在。即使在现代社会，由于私有制没有消灭，贫富差距越来越严重，人类仍然还不能实现马克思所说的充分自由地发展，马克思当年所分析的社会生产与个人的全面发展之间的辩证关系依然存在，《资本论》理论依旧闪耀着光辉。除此之外，他还提出，把"生产劳动同智育和体育相结合，它不仅是提高社会生产的一种方法，而且是造就全面发展的人的唯一方法"。这不仅是现代社会生产的基本要求，也是教育发展应当遵循的普遍规律。虽然今天我们所处的时代与马克思所处的时代有很大的不同，但是他的科学理论依旧具有深远的现实意义。

②马克思关于人的全面发展学说理论和人才培养目标定位

今天我们所处时代是信息技术高速发展的时代，科学技术的普及给世界带来了前所未有的变化，也为个人的全面发展创造了有利的条件。随着人工智能时代的到来，传统的社会分工逐渐被打破，蓝领、灰领与白领的工作相融合，企业对工作者的各项素质都提出了更高的要求，要求劳动者在具备专业知识和能力的同时还必须具有跨学科知识和跨界能力，同时具备创新意识和创新能力，并且能够在学习中不断创新知识、创新技术，去促进社会生产的发展，同时成为全面发展的人。因此，教育与生产劳动相结合的规律从来没有改变，只是结合的内容和方式随着科学技术的发展在改变。新时代多数人的工作和生活与智能机器息息相关，为了避免他们成为智能机器的附属品，避免情感被虚拟现实削弱成为片面发展的人，现代教育必须与生产劳动相结合、与整个国民经济相结合，培养体脑结合的全面发展的人才。只有教育与生产劳动结合起来，理解劳动是人的本质，是人的生命价值所在，才能培养出符合时代需求的人才。职校教育同其他所有的教育一样，也是实现人的全面发展的一个具体教育形态，也符合通过教育同生产劳动相结合来实现人的全面发展的原则。因此，马克思关于人的全面发展学说对职校教育的发展具有重要的指导意义。职校教育人才培养目标的确立必须把促进和实现人的全面发展作为基本的理论依据，这也是职校教育人才培养目标的内在要求。

(2) 职业带理论

①职业带理论的基本内容

职业带理论（Occupational spectrum）是一个既连续又分区域的职业分布理论模型，

是一种体现人才结构伴随着生产力发展而不断进化的理论，用来表示各种类型人才的知识技能构成比例。职业带理论将工程领域的技术职业范围表示为一个连续带，斜线上方代表操作技能所占的比重，下方代表理论知识所占的比重。每类人才均有一个地带，分别分布在不同区域和位置，从左往右依次是技术工人区域、技术员区域和工程师区域。从技术工人到工程师，需要的操作技能愈来愈少，需要的理论知识愈来愈多。对技术工人的操作技能有较高的要求，对工程师的理论知识有较高的要求，而对职校教育所培养的技术员则在两方面均有一定的要求。职业带理论为职校教育人才培养总目标的确立和具体规格的定位奠定了良好的基础。

②职业带理论和人才培养目标定位

教育是国家整个社会系统运行的要素之一，教育与社会系统的其他子要素相互协调才能促进整个社会系统科学运行。人才是社会系统运行发展的推动力，社会生产力系统对人才的需要不是单一的，而是多种层次、多种规格和多种类型的。根据职业带理论，社会系统运行离不开应用型人才中的工程型、技术型和技能型三类人才，只有每类人才所占的比例合理且所具备的知识和能力与时代发展相符合，才能够充分发挥各类人才对社会的贡献，从而使社会运行系统达到最优效果。

人才的发展具有动态性，随着我国科学技术的发展，在20世纪就已经出现了跨学科的新技术，如机电一体化技术和生化技术等，人工智能时代下势必会出现更多更大的突破。技术要靠人掌握，社会迫切需要掌握多类新技术的复合型人才，这是必然趋势。因此，技术工人、技术员和工程师在工作过程中的分工界限越来越模糊，每位员工在进入工作岗位后还需要不断地学习，提高自己的知识和技能水平。新时代的人才培养将会颠覆传统的职业带划分，技能和理论掌握的多少将不再是划分人才的主要标准，新时代的人才培养目标将更加注重复合型、智能型人才的培养。一定的产业结构要求有一定的人才结构相对应，基于生产组织和人才结构的扁平化发展，人才分类理论的划分界限开始变得模糊。一方面，某一类人才的内部划分开始出现重合，如工程型人才不仅需要负责设计，还需要规划任务和检验产品；另一方面，两类人才的工作任务也开始重叠，如技能型人才和技术型人才都需要掌握智能机器的操作。因此，职业带理论在新时代有了新的内涵，这为人工智能时代下职校教育培养高端型、复合型和智能型人才提供了理论指导。

（二）总体目标定位

人才培养目标是学校教育教学工作的出发点，也是学校各项工作的落脚点，确立合适的人才培养目标对提高职校教育的教学质量具有极其重要的意义。人才培养目标总体上应该从培养的人才类型、人才层次和人才能职三方面来定位。

人才类型定位，有助于将职业教育与其他教育类型相区分，体现出职业教育在教育体系中的独特地位；人才层次定位，有助于职业教育体系内部的合理分工，避免各层次职业教育的交叉和重复；人才能职定位，有助于凸显职校教育的时代使命，明确学校对所培养人才的预期标准，使培养的人才与企业的职业岗位需求相匹配。

1. 目标的类型定位

类型是指具有共同属性特征的事物所形成的种类。职校教育人才培养目标的类型定位就是对其培养的人才属性的划分，人才类型的划分涉及很多的领域，是由社会分工对不同类型人才的需求状况决定的，依据不同的划分标准可以把人才划分为不同的种类。习惯上我们将人才分为两大类：学术型人才和应用型人才。其中，应用型人才根据不同层次或工作范围又可分为工程型人才、技术型人才和技能型人才。以往，我们通常将职校教育的人才培养类型定位为技术技能型人才，强调将技术原理转化为物质实体的实践能力。在人工智能时代下，科技的发展将技术技能工序变为了智能化程序，大数据、机器、产品和人共同组成了一个相互联系的智能系统，智能化的生产过程需要精通 AI 技术和网络技术的智能型人才。智能型人才侧重对智能化系统的应用、操纵和维护，强调技术的专业性和软性化生产能力以及技术的研发能力。同时，他们能够在传统工作的基础上熟练运用数字化技术，架起企业各部门之间以及企业与客户之间沟通的桥梁，使设计、研发、生产、销售各个部门之间互通有无、通力合作。其中，普通高等教育尤其注重智能研发人才的培养，与之相比，职校教育所培养的智能型人才则更加突出对智能化生产系统的操作，要求他们在智能生产流程中发挥重要作用，主要包括对智能机器运作过程中的监控，以及对智能机器的维修和保养等。

2. 目标的层次定位

层次是指同一类事物相承接的次第，强调在纵向发展上的差别。不同层次具有不同的性质和特征，彼此之间既有共同的规律，又有各自独特的规律。人才培养目标的层次定位主要是指同一类教育中对不同层次学生的知识、能力以及品德的不同要求。人才培养目标的层次设置应具有发展性，要想体现职校教育人才培养目标的层次，必须通过与中等职业教育、本科层次的职业教育以及研究生层次的职业教育相比较而得出。我国职业教育体系包括高中阶段职业教育（即中等职业教育）、专科层次的职业教育、应用型本科职业教育以及专业学位研究生层次的职业教育四个层次。通常，我们将中等职业教育的培养目标的层次定位为初级技能型人才、专科层次职业教育的培养目标的层次定位为中高级技术技能型人才、本科层次职业教育的培养目标的层次定位为高级应用型专门人才、专业学位研究生教育的培养目标的层次定位为高层次应用研究型专业人才。人工智能时代下，由于产业结构的优化升级和智能机器的普遍应用，个体所要面对的不再是单一的工作任务，而是高度智能化的复杂性系统，因而对人才的层次需求趋向高端。鉴于此，传统的技术技能将不再能满足智能化生产的需要，个体必须具备更加专业性、综合性的高端操作技能，这种高端层次主要表现为能够适应产业链上端岗位，即不仅具备精湛的操作技能，还能够熟练运用相关的计算机工业软件，能够独自承担起整条生产线的运转。因此，人工智能时代下，职校教育所培养的人才层次应定为高端人才。

3. 目标的能职定位

培养目标的能职定位是指对培养目标未来职业和岗位职责的预期标准，是培养方案中对人才培养目标的总的描述。也就是说，目标的能职定位是对所培养的人才在未来可以从事和胜任的职业或岗位的预期描述，与社会发展的人才需求密切相关。不同类型、不同层次的学校，其人才培养目标在能职上的定位也不尽相同。在工业时代，传统的工业生产方式是在流水线上生产大批量相同的产品，工人分布在固定生产线上的固定岗位，做着重复的操作。为了适应工业社会对人才的需求，职校教育所培养的是能够适应机器生产、可以按照机器的节奏工作的人才。在人工智能时代下，无论是制造业还是服务业都出现了大量的智能机器，智能生产方式的动态化、综合化和个性化对人才提出了新的要求，为了适应新时代的新要求，职校教育要培养集技术、操作、管理、服务于一体的复合型人才，即具备人工智能相关知识，能够胜任智能设备的安装、调试、操作、维护、销售及日常管理等工作的人才。

人工智能时代下职校教育的人才培养目标应定位为：面向人工智能时代下各行各业的需要，培养能够适应智能化生产模式，有较强的智能控制能力、实践能力、创新能力和可持续发展能力，具有良好的职业道德和职业素养，能够胜任智能设备的安装、调试、操作、维护、销售、经营管理等工作，服务于生产、开发、设计、维修、保养和管理等实际生产部门的智能型、复合型的高端人才。

（三）具体规格定位

人才培养规格是培养目标的具体化，是各级各类学校对所培养的人才在知识、能力和品德等方面要达到的具体要求，有助于明确教学过程的具体要求，增强培养目标的可操作性。随着产业结构的转型升级和经济结构调整步伐的急速加快，企业对人才培养目标的知识结构、能力水平和品德素质都提出了更高的要求。

1. 知识结构

知识是人们在实践中获得的认识和经验，是个体通过与环境相互作用后获得的信息，这里仅将知识的范围界定在理论知识层面。知识结构是指人才培养目标中对所要培养的人才应该掌握的知识类别以及各类知识所占比重的界定。一个完整的知识结构应该包括基础知识、专业知识和相关知识三个方面。

第一，基础知识是指学生必须具备的最基本的知识，主要包括自然科学知识和社会科学知识。基础知识越扎实、丰富，个人的潜力发挥就越大。人工智能时代下，信息网络技术和 AI 理论将成为每个人必备的基础知识。

第二，专业知识是指学生从事某一职业必须具备的理论知识和行业知识，主要包括专业理论知识和专业实践知识。人工智能时代下，学生除了要掌握本专业的知识，还应该将专业知识与 AI 知识相结合，并且学以致用。

第三，相关知识是指学生在工作和生活中会用到的辅助性知识，有助于学生岗位迁移和综合能力的培养。人工智能时代下，"AI+"成了普遍趋势，熟练掌握相关知识将变得越来越重要，这就要求他们不仅要具备本专业知识，还要涉及新一代信息技术、自动控制、数据分析等相关知识。例如，常州机电职业技术学院工业机器人技术专业的人才培养目标就强调应掌握汽车、机械加工、食品、新能源等行业企业中工业机器人工作站的相关知识。

因此，人工智能时代下职校教育人才培养目标的具体知识结构应以专业知识为核心、以基础知识和相关知识为两翼，形成协调优化的复合型知识结构，培养符合时代发展需求的"米"型人才。

2. 能力结构

心理学上认为，能力是一种心理特征，是顺利实现某种活动的心理条件。根据不同的标准，可以将能力划分为不同的类别。从能力性质的角度把职业能力划分为基本职业能力和关键能力。

（1）基本职业能力

基本职业能力是指个体从事职业活动所必需的基本能力，是个体胜任职业工作的核心能力，主要包括专业能力、方法能力和社会能力。其中，专业能力是指劳动者具备从事职业活动所必需的专业知识和专业技能，具有独特性、针对性和应用性；方法能力指劳动者具备从事职业活动所必需的工作方法和学习方法，具有普适性和持久性；社会能力是指劳动者具有处理社会关系、承担社会责任并且适应社会规则的能力，尤其强调积极的人生态度和高度的社会适应性。

（2）关键能力

关键能力是指学习者为了更好地完成不断变化的工作任务和适应新职业新岗位而获得的不受时间限制的能力，以及不断克服知识老化而终身学习的能力，可分为专业关键能力、方法关键能力和社会关键能力。它源于基本职业能力，而又超越和深化了基本职业能力，是基本职业能力在纵向上的延伸。

人工智能时代下，技术的迅猛发展使得职校教育培养出来的人才面临更大的职业更换风险，职业选择的不确定性也极大地增加。面对新技术的冲击，职校教育应服务于学生职业生涯的发展，注重培养学生的可持续发展能力和创新能力。

激发个体的潜能，关注个体的后续发展，充分发挥人才的驱动功能和服务发展功能，这是满足学生进行终身学习和适应职业变化的需要，也是不断优化人才链的核心。尤其要强调的一点是，要培养学生的 AIQ，培养学生人机协作的能力，达到人与机器各擅其能、各司其职、美美与共的和谐状态，这样学生在未来的工作岗位上才能够和机器人同事友好合作，并且可以更多地投入人工智能的相关工作领域中，成为行业发展的中流砥柱。因此，关键能力在人工智能时代将显得尤为重要。

3. 品德结构

品德即道德品质，也被称为德行或品性，是个体依据一定的道德准则在日常行动中所表现出来的行为倾向与特征。职校教育的人才培养目标在品德方面的要求应该包括社会公德、职业道德和职业精神。人工智能时代下，对品德方面的要求增加了新的内容。

（1）社会公德

社会公德是指个体在社会生活和交往中应该遵守的行为规范和生活准则，是维护公共集体利益、保障社会秩序最基本的道德要求，主要内容有遵纪守法、保护环境、助人为乐等。不管在什么时代，社会公德都是个体的重要品德。人工智能时代下，各级各类教育依旧应该注重对学生社会公德的培养，职校教育也不例外。除了一直强调的社会公德的基本内容之外，在人工智能时代尤其要强调使用机器的道德。我们要更加关注合理使用机器的道德培养，每个人都应该遵循机器使用的基本原则，让智能机器成为我们生活的好帮手，而不是滥用技术和机器危害社会，只有遵守好使用机器的底线，才能实现人类社会和智能机器共存共荣的美好未来。

（2）职业道德

职业道德是指个体在职业活动中应该遵循的行为准则，是个体从事职业活动必备的基本品质。它在调节个体与领导、个体与同事、个体与服务对象的关系中起到至关重要的作用，主要包括爱岗敬业、忠于职守、勇于担当等。职校教育的人才培养目标无论在什么时代，规定所培养的人才除了必须是一个遵守社会公德的良好公民外，还必须是一个高尚的"职业人"。在人工智能时代下，除了要培养学生的基本职业道德，尤其要强调的是，培养学生具备与机器人同事竞合的职业道德，在工作过程中，既要用自己的多元智能与智能机器竞争，也要学会与智能机器合作。

（3）职业精神

职业精神是指个体在从事职业活动时应具有的精神与操守，是个体将职业道德内化后所表现出来的。主要内容有忠诚精神、进取精神、奉献精神等。

一个人只有具备高尚的职业精神，才能在工作中更好地遵守职业道德。因此，职业精神是确立人才培养目标时必须考虑的方面。人工智能时代下，随着信息技术的迅猛发展，知识和技能的获取变得相对简单，企业将更加关注员工对公司的奉献精神和忠诚精神。职校教育应更加注重职业精神的培养，尤其是创新精神的培育。新时代工作组织方式和工作过程不再是一成不变的，其变革与改进的主要责任不仅仅在于管理层，而是所有参与工作的员工作为团队整体参与到工作过程的改进与创新中。

二、人工智能时代下职校教育人才培养目标的实现路径

纵观我国各个时期职校教育的人才培养经验，人才培养目标的实现需要国家、区域和院校协同努力和共同配合。

（一）国家层面：做好人工智能时代职校教育发展规划

职校教育作为我国职业教育的重要组成部分，在国民教育体系中具有举足轻重的地位。职校教育的发展及其人才培养离不开国家的具体规划，好的规划可以为职校教育的发展提供指引，切实保障人才培养目标的顺利实现。

1. 做好面向人工智能的职校教育发展调研工作

针对人工智能时代下职校教育的改革与发展，国家应成立专门的人工智能专家小组进行调研和指导。小组成员既要包括人工智能专家，也要包括教育专家，要充分了解现在人工智能市场的人员从业情况，收集数据，在对人工智能和教育发展实际情况调研的基础上，有效预测未来企业发展的人才需求和供给情况，并且及时对职校教育的人才培养目标、专业建设、课程设置等提供指导和评估，从而推动高职院校人工智能行动计划的开展与研究，以此提高职校教育的人才培养质量和办学水平。

2. 制订职校教育应对人工智能的发展规划

将人工智能的发展上升为国家战略。人工智能的迅速发展对职校教育所培养的人才提出了新的知识和能力要求，鉴于此，要想实现职校教育的生态发展，必须要在广泛调研企业人工智能项目和技术发展的基础上，结合我国的发展实际，制订职校教育应对人工智能的发展规划，构建"人工智能+职校教育"的发展蓝图，包括高职人才培养方向的明确、高职实训基地的建设以及高职师资队伍的培养等方面，为我国职校教育的改革提供战略性依据。

3. 落实人才培养的专业调整规划

人工智能时代的到来，推动了产业结构和岗位结构的变迁，要想人才结构很好地与之相匹配，那么国家必须从整体上对职校教育的专业设置进行调整和规划。应根据人才需求预测和各地区的经济发展情况，调整专业设置。首先，采用"人工智能+"方式，针对人工智能技术相关的岗位群，开设新型专业与传统专业组成专业群；其次，采取"专业+"方式，在具体的专业教学内容中加入大数据、3D打印技术、物联网等方面的知识，促进人工智能和专业的融合。

（二）区域层面：政校企联动发展对接人工智能发展需求

职业教育主要服务于当地区域经济发展的需要，区域政校企的合作可以有效提高高职院校的人才培养水平，切实为区域经济的发展提供科技支撑和智力支持。为了实现人工智能时代下职校教育的人才培养目标，政校企要进行多层次、全方位、宽领域的合作，共同努力，以对接人工智能的发展需求。

1. 政府调控高职院校和当地人工智能产业的协同发展

在职校教育的发展中，政府起着关键性作用。人工智能时代下，要想推动职校教育实现跨越式和可持续发展，政府必须宏观调控，做好高职院校对接当地人工智能产业的发展规划。首先，政府要加强对当地人工智能产业的调研，及时关注人才市场的变化，建立区域产业发展和人才需求预测平台，充分掌握资料和动态数据的变化规律。其次，在国家规划的基础上，根据区域发展情况、区域经济特色和产业结构特点，结合各大高职院校的特色专业对高职院校的发展进行指导，既包括专业的规划、课程的设置，也包括师资力量和实训基地的建设，从而打造区域特色品牌院校和专业。除此之外，政府要建立职校教育与地方区域经济发展相适应并能够相互促进的管理体制，提升职校教育的办学质量，同时促进地方人工智能产业的发展。

2. 校企合作共解人工智能发展难题

随着智能技术的发展，数据分析、物联网、工业机器人技术等都融入职校教育的教学实践中，高职院校的发展会面临诸多挑战，同时，传统企业在转型升级的过程中也会遇到很多困难。因此，高职院校应与企业加强合作，共解人工智能发展难题。对于高职院校来说，可以邀请企业加入学校的教育教学改革中来，让企业深度参与学校的专业规划、教材开发、教学设计、课程设置和学业评价等环节，与企业共同开发优质的教育教学资源。同时，高职院校可以充分利用企业的资源，包括实训场地和先进设备，让学生切实体验智能化生产系统，在具体的实际工作中不断培养他们的技术能力和创新意识。

3. 校际共享人工智能发展资源

通过校际合作，可以优化教育资源，实现教育资源的公用共享，教育投入的效率和效益可以得到极大提高。在教育教学实际中，每所院校的特色专业和课程设置都不尽相同，因此，政府给予的人工智能发展规划也有所差异，导致人工智能与各个专业的融合在不同的院校呈现出不同的表现形式，即"AI+"专业的具体形式不同。比如，在电子电气技术发展较好的院校，首先要进行"AI+ 电子电气技术"类专业的建设，在机械专业发展较好的院校则优先进行"AI+ 机械"类专业的建设，这样就会造成每个院校的人工智能发展资源的差异。因此，通过校际合作可以共享人工智能发展资源，从而实现院校更快更好地转型与发展。首先，院校之间可以结成兄弟院校，在专业建设、课程设置以及教学模式等方面进行交流与合作，通过课程共享和专业共建等方式，促进学校人工智能的共同发展。其次，由于实训设备比较昂贵，院校之间可以共建智能实训基地、共享实训资源，从而更好地对接产业链的发展，使培养的人才在知识结构和能力结构上满足企业的需求。最后，院校之间可以共同研究关于人工智能的科研项目、开展教研活动。这样，不仅能够促进教师的专业发展，而且可以让学生接触更广泛的学科和专业，为学生的职业生涯发展储备充足的知识，同时促进学生跨学科能力不断发展。

（三）院校层面：全面变革培养模式应对人工智能的发展

人才培养目标的最终实现需要依靠学校的自身变革，学校应主动适应社会经济科技的发展，与时俱进，在立足本校特色的基础上锐意创新，从专业设置、课程建设和师资队伍建设等方面积极改革，对接人工智能时代下的人才需求，从而促进自身可持续发展。

1. 专业设置要对接人工智能产业发展

专业是将学校和行业企业连接起来的重要纽带，是学校实现育人功能的基本前提。人工智能时代下，产业结构发生了重大改变，涌现出了一大批新型企业和就业岗位，同时，一些传统的企业和行业逐渐消失。因此，高等职业院校的专业设置要做出相应的调整，使之能够很好地对接产业结构的变化。

首先，新的专业领域将会出现大量人才缺口。到2025年，新一代信息技术产业人才缺口950万人，高档数控机床和机器人行业人才缺口450万人。针对这种情况，学校应在考虑经济发展的基础上结合自身实际新增专业，将特色专业与AI技术相融合，打造出一批具有强劲优势的"AI+"专业。

其次，智能化生产系统逐渐成为企业的主流生产方，工作者的工作模式发生了巨大的改变，他们要想顺利完成工作，必须掌握完整工作过程中所需要的知识和能力。鉴于此，院校要将部分专业进行融合、交叉，注重培养学生的综合职业能力和跨界整合能力，从而有效满足工作岗位的需求。

除此之外，随着智能技术的不断发展，很多重复性、标准化的工作将不再需要人工操作，相应的岗位将被淘汰。因此，相应的专业应该缩减规模或者升级，并且对于已经过时的专业应分批次地撤掉。

2. 课程建设要基于智能化生产需求

课程是学校培养人才的重要载体，在高等职业院校人才培养目标的实现中起至关重要的作用。人工智能时代下，智能化生产方式给工作系统带来了重大影响，主要表现为模糊了工作过程中的分工界限、淡化了人才结构的分层现象、颠覆了产销分离的传统。基于此,首先,课程开发要采用工作系统分析法,应基于完整工作过程,对智能化生产系统中的工作过程进行深入分析,把工作者需要执行的整个工作系统或工作流程作为分析对象,以此来开发和设置课程,从而使学生获得应对复杂工作任务的整体能力。其次,课程结构要基于智能化生产进行整合,既包括专业领域内课程的横向整合、同一专业领域内或同一门课程的纵向整合,也包括不同专业领域课程的跨界整合。面对人工智能时代的智能化生产体系,课程结构应统筹各专业、各学科、各年级的课程,不仅要发挥各门课程独特的育人功能,更重要的是要发挥课程间综合育人的功能,从而培养学生的综合职业能力和跨界整合能力。除此之外,课程内容应将专业知识、跨学科知识、职业精神、职业技能和人工智能技术相融合,同时增设 AI 课程,以及与 AI 相关的深度学习、混合智能、数据挖掘等课程,并且融入隐私、安全和伦理等内容,培养学生的人工智能素养,切实有效地提高课程质量与教学效果。

3.师资建设要服务于高端人才的培养

优秀的师资队伍是人才培养目标实现的重要保证,也是全面深化教学改革、推动职校教育持续发展的关键所在。人工智能时代下,要全面深化新时代教师队伍建设,服务于高端人才的培养。首先,要重视人才引进。学校要积极引进人工智能专业人才,聘请人工智能领域中的专家,引进经验丰富、技术过硬的能工巧匠,打造高水平的人工智能教学团队。其次,要重视师资的培训。在公共通识领域模块中,不仅包含项目教育教学法的培训,还包括创新创业的培训内容。教师在原有知识技能的基础上,要不断提升自身的创新能力和教学能力。学校可以选送教师参加各级骨干教师培训,定期让教师去企业培训,或者请企业的师傅来给教师做一些相关培训,从而增强教师对新技术的理解和应用,以便更好地在教学活动中加以传授。除此之外,还可以聘请企业的专业技术人才和高端技术技能型人才作为院校的兼职教师,这样不仅可以给学生的人工智能技术专业实践提高有效的指导,还丰富了院校教师的多样性,有利于教师之间互相交流和学习。同时,打造网络学习和交流平台,鼓励教师通过网络学习及时跟踪技术动态、掌握前沿技术。

第三节　人工智能技术在计算机网络教育中的应用及设计教学

一、人工智能技术在计算机网络教育中的应用

（一）人工智能技术的简介

人工智能是近几年来才被人们所熟知与认识的，它主要是应用在人工模拟操控以及实现人的智能扩展和延伸上，属于一项综合性的技术，综合了相关的智能技术以及操控技术。人工智能的应用主要是以计算机为载体来实现的，从根本上来讲是讲求高应用技能的计算机。

人工智能在应用时凭借的是人工技术，近几年来伴随着科技的不断进步以及电子产品（如手机、电脑等）的不断更新，人工智能也拥有了更多的应用实现的基础。我国现代的人工智能研究主要包括三个领域，分别是智能化的接口设计、智能化的数据搜索、智能化的主题系统研究。

科技改变人类生活，人工智能作为一种特别的计算机科学，是对于人类思维的研究、开发，并利用计算机对人类思维进行模仿、延伸和扩展所实现的智能。而关于人工智能的研究是涉及多个领域的，不仅包括对机器人、语言识别和图像识别的研究，还对自然语言处理和专家系统等方面进行了深入的探析。所以人工智能可以说是一门企图了解智能实质，进而生产制造出一种崭新的能够同人类智能一样做出反应的智能机器的研究。自人工智能技术诞生以来，关于人工智能的理论和技术目前被不断地完善和改进，而人工智能在应用的领域上也在不断扩张，假以时日，未来人工智能下生产的科技产品作为人类智慧的模仿，将会更好地服务于大众。

（二）人工智能的主要特点

当前，我国的人工智能主要集中在三大领域，计算机实行智能化应用主要是通过模仿人类大脑的智能化来实现的，未来的人工智能技术是具有超强发展潜力的新领域，对人们的生产以及生活都会产生很大影响，对信息技术的整体发展也会产生深远影响。而且人工

智能给人类带来的影响是潜移默化的，它在不知不觉中改变着人类的生活方式以及工作学习的方式，让我们的生活变得更加便利，提供了多元化的科学选择。

智能技术包括人类智能和计算机智能，两者是相辅相成的。通过运用人工智能可以将人类智能转化为机器智能，反之，机器智能可以通过计算机辅助等智能教学转化为人类智能。

人工智能的技术特点

第一，人工智能具有强大的搜索功能。搜索功能是采用一定的搜索程序对海量知识进行快速检索，最后找到答案。

第二，人工智能具有知识表示能力。所谓知识，是指用人类智能对知识的行为，而人工智能相对来说也会具有此类特征，它可以表示一些不精确的模糊的知识。

第三，人工智能还具有语音识别功能和抽象功能。语音识别能处理不精确的信息；抽象能力是区别重要性程度的功能设置，可以借助抽象能力将问题中的重要特征与其他的非重要特征区分开来，使处理变得更有效率、更灵活。对于用户来说，只需要叙述问题，而问题的具体解决方案就留给智能程序。

（三）智能多媒体技术

1. 人机对话更具灵活性

传统多媒体欠缺人机对话，致使教学生硬枯燥，无法达到很好的效果，而智能多媒体允许学生用自然语言与计算机进行人机对话，并且还能根据学生的不同特点对学生的问题做出不同的回答。

2. 更具教育实践性

由于学生的素质不同，在学习上的知识面不同，而且学习主动性也会各有差别，人工智能必须根据每个学生的学习基础、水平和个人能力，为每个学生安排制定符合个人的学习内容和学习目标，对学生进行有针对性的指导。

3. 人工智能系统还必须具备更强的创造性和纠正能力

创造性是人工智能的一个明显特征，而纠错能力也是它的一个表现方面。

4. 人工智能多媒体还应具备教师的特点

主要是指在教学时能很好地对学生的学习行为以及教师的行为进行智能评判，使学生和教师能找到自己的不足，有利于学生和教师各自在学习方面得到提高。

（四）智能计算机辅助教学系统

1. 人工智能多媒体系统

（1）知识库

智能多媒体不再是教师用来将纸质定量教学资源来进行电子化转换的工具，它应该拥有自己的知识库，知识库总的教学内容是根据教师和学生的具体情况有选择地设计的。另外，知识库应该做到资源的共享，并且要实时更新，这样才能实现知识库的功能。

（2）学生板块

智能教学的一个特征是要及时掌握学生的动态信息，根据学生的不同发展情况进行智能判定，从而进行个别性指导以及建议，使教学更加具有针对性。

（3）教学和教学控制板块

这个板块的设计主要是为了教学的整体性考虑的，它关注的是教学方法的问题。具备领域知识、教学策略和人机对话方面的知识是前提，根据之前的学生模型来分析学生的特点和其学习状况，通过智能系统的各种手段对知识和针对性教育措施进行有效搜索。

（4）用户接口模块

这是目前智能系统依然不能避免的一个板块，整个智能系统依然要靠人机交流完成程序的操作，在这里用户依靠用户接口将教学内容传送到机器上完成教学。

2. 人工智能多媒体教学的发展

（1）不断与网络结合

网络飞速发展，智能多媒体也与网络不断紧密结合，并向多维度的网络空间发展。网络具有海量知识、信息更新速度快等各种优点，与网络结合是智能教学的发展方向。

（2）智能代理技术的应用

教学是不断朝学生与机器指导的学习模式发展，教师的部分指导被机器所逐渐取代，如智能导航系统等。

（3）不断开发新的系统软件

系统软件的特征是更新速度快，旧的系统满足不了不断发展的网络要求，不断开发新的软件才能更好地帮助学生解决问题，从而有利于学生的学习和教师的教学。教学智能化是教学现代化的发展主流，智能教学系统要充分运用自身的智能功能，从师生双方发挥应有的高性能特点，着重表现高科技手段的巨大作用，进一步推动智能教学系统的发展。

二、人工智能时代的计算机程序设计教学

（一）人工智能时代的计算机程序设计背景

人工智能（Artificial Intelligence，简称 AI），是研究、开发用于模拟、延伸和扩展人

的智能的理论、方法、技术及应用系统的一门新的技术科学。人工智能是计算机科学的一个分支，该领域的研究包括机器人、语音识别、图像识别、自然语言处理和专家系统等。当前人工智能的快速发展主要依赖两大要素：机器学习与大数据。也就是说，在大数据上开展机器学习是实现人工智能的主要方法。

而计算机程序设计可视为"算法＋数据结构"。通过简单地将机器学习映射到算法、将大数据映射到数据结构，我们可以理解人工智能与计算机程序设计之间存在一定程度上的对应关系。人工智能离不开计算机程序设计，要弄清人工智能时代对计算机程序设计的新需求，需要首先对机器学习和大数据有一定的认识。

机器学习（Machine Learning，简称 ML）是一门研究计算机怎样模拟或实现人类的学习行为以获取新的知识或技能的多领域交叉学科，涉及概率论、统计学、逼近论、凸分析、算法复杂度理论等多门学科。机器学习是人工智能的核心，包括很多方法，如线性模型（Linear Model）、决策树（Decision Tree）、神经网络（Neural Networks）、支持向量机（Support Vector Machine）、贝叶斯分类器（Bayesian Classifier）、集成学习（Ensemble Learning）、聚类（Clustering）、度量学习（Metric Learning）、稀疏学习（Sparse Learning）、概率图模型（Probabilistic Graph Model）和强化学习（Reinforcement Learning）等。其中，大部分方法属于数据驱动（Data-Driven），是通过学习获得数据不同抽象层次的表达，以利于更好地理解和分析数据、挖掘数据隐藏的结构和关系。

深度学习（Deep Learning）是机器学习的一个分支，由神经网络发展而来，一般特指学习高层数的网络结构。深度学习也包括各种不同的模型，如深度信念网络（Deep Belief Network，简称 DBN）、自编码器（AutoEncoder）、卷积神经网络（Convolutional Neural Network，简称 CNN）、循环神经网络（Recurrent Neural Network，简称 RNN）等。深度学习是目前主流的机器学习方法，在图像分类与识别、语音识别等领域都比其他方法表现优异。

作为机器学习的原料，大数据（Big Data）的"大"通常体现在三个方面，即数据量（Volume）、数据到达的速度（Velocity）和数据类别（Variety）。数据量大既可以体现为数据的维度高，也可以体现为数据的个数多。对于数据高速到达的情况，需要对应的算法或系统能够有效处理。而多源的、非结构化、多模态等不同类别特点也对大数据的处理方法带来了挑战。可见，大数据不同于海量数据。在大数据上开展机器学习，可以挖掘出隐藏的有价值的数据关联关系。

对于机器学习中涉及的大量具有一定通用性的算法，需要机器学习专业人士将其封装为软件包，以供各应用领域的研发人员直接调用或在其基础上进行扩展。大数据之上的机器学习意味着很大的计算量。以深度学习为例，需要训练的深度神经网络其层次可以达到上千层，节点间的联结权值可以达到上亿个。为了提高训练和测试的效率，使机器学习能够应用于实际场景中，高性能、并行、分布式计算系统是必然的选择。可以采用软件平台，如 Hadoop MapReduce 或 Spark；或者采用硬件平台，如 GPU（Graphics Processing

Unit，图形处理器）或 FPGA（Field-Programmable Gate Array，即现场可编程门阵列）。

（二）人工智能时代的计算机程序设计语言

人工智能时代的编程自然以人工智能研究和开发人工智能应用为主要目的。很多编程语言可以用于人工智能开发，很难说人工智能必须用哪一种语言来开发，但并不是每种编程语言都能够为开发人员节省时间及精力。Python 由于简单易用，是人工智能领域中使用最广泛的编程语言之一，它可以无缝地与数据结构和其他常用的 AI 算法一起使用。Python 之所以适合 AI 项目，其实也是基于 Python 的很多有用的库可以在 AI 中使用。一位 Python 程序员给出了学习 Python 的七个理由：一是 Python 易于学习。作为脚本语言，Python 语言语法简单、接近自然语言，因此可读性好，尤其适合作为计算机程序设计的入门语言；二是 Python 能够用于快速开发 Web 应用；三是 Python 驱动创业公司成功。支持从创意到实现的快速迭代；四是 Python 程序员可获得高薪。高薪反映了市场需求；五是 Python 助力网络安全。Python 支持快速实验；六是 Python 是 AI 和机器学习的未来。Python 提供了数值计算引擎（如 NumPy 和 SciPy）和机器学习功能库（如 Scikit-Learn、Keras 和 TensorFlow），可以很方便地支持机器学习和数据分析；七是不做只会一招半式的"码农"，多会一门语言，机会更多。

Java 也是 AI 项目的一个很好的选择。它是一种面向对象的编程语言，专注于提供 AI 项目上所需的所有高级功能，它是可移植的，并且提供了内置的垃圾回收。另外，Java 社区可以帮助开发人员随时随地查询和解决遇到的问题。LISP 因其出色的原型设计能力和对符号表达式的支持在 AI 领域占据一席之地。

LISP 是专为人工智能符号处理设计的语言，也是第一个声明式系内的函数式程序设计语言。Prolog 与 LISP 在可用性方面旗鼓相当，据《Prolog Programming for Artificial Intelligence》一文介绍，Prolog 是一种逻辑编程语言，主要是对一些基本机制进行编程，对于 AI 编程十分有效，如它提供模式匹配、自动回溯和基于树的数据结构化机制。结合这些机制可以为 AI 项目提供一个灵活的框架。C++ 是速度最快的面向对象编程语言，这对于 AI 项目是非常有用的，如搜索引擎可以广泛使用 C++。

其实为 AI 项目选择编程语言，很大程度上取决于 AI 子领域。在这些编程语言中，Python 因为适用于大多数 AI 子领域，所以逐渐成为 AI 编程语言的首选。Lisp 和 Prolog 因其独特的功能，在部分 AI 项目中卓有成效，地位暂时难以撼动。而 Java 和 C++ 的自身优势也将在 AI 项目中继续保持。

（三）人工智能时代的计算机程序设计教学

人工智能时代的计算机程序设计教学在高校应该如何开展呢？下面给出一些初步的思考，供大家讨论并批评指正。

1. 入门语言

入门语言应该容易学习，可以轻松上手，既能传递计算机程序设计的基本思想，也能培养学生对编程的兴趣。C 语言是传统的计算机编程入门语言，但学生学得并不轻松，不少同学学完 C 语言既不会运用，也没有兴趣，有的非计算机专业的学生甚至因为 C 语言对计算机编程产生畏惧心理。因此，宜将 Python 作为入门语言，让同学们轻松入门并快速进入应用开发。有了 Python 这个基础，再学习面向对象程序设计语言 C++ 或 JAVA，就可以触类旁通。

2. 数据结构与算法

计算机程序设计 = 数据结构 + 算法。因此，在学习编程语言的同时或之后，宜选用与入门语言对应的教材。比如，入门语言选 Python 的话，数据结构与算法的教材最好也是 Python 描述。

3. 编程环境

首先，编程环境要尽量友好，简单易用，所见即所得，无须进行大量烦琐的环境配置工作。对于学生而言，像 JAVA 那样需要做大量环境配置不是一件容易的事。其次，编程环境要集成度高，一个环境下可以完成整个编程周期的所有工作。再次，编程环境要能够提供跨平台和多编程语言支持。最后，编程环境应提供大量常用的开发包支持。

第四节 基于计算机网络教学的人工智能技术运用

所谓人工智能，就是利用人工方法在计算机上实现智能，也可以说是人工智能在计算机上的一种模拟。人工智能广泛融合了神经学、语言学、信息论和通信科学等众多学科和领域。目前主要存在三条人工智能研究途径：一是以生物学理论为支撑，掌握人类智能的本质规律；二是以计算机科学为支撑，通过人工神经网络进行智能模拟，实现人机互动；三是以生物学理论为支撑。

一、人工智能技术的特征

智能技术主要分为两类，即人类和计算机智能，两者存在相辅相成的关系。利用人工智能技术能够实现人类智能向机器智能的转化，相反，机器智能也能够利用智能教学转化为人类智能。

（一）人工智能的技术特征

首先，人工智能具备非常强的搜索功能。该功能是利用相关搜索技术实现对海量信息的快速检索，满足个性化信息需求。其次，人工智能具备很强的知识表示能力。具体来讲，就是人工智能对信息的行为，能够像人类智能一样，对模糊的信息加以表示。最后，人工智能具有较强的语音识别和抽象功能。前者主要是为了对模糊信息加以处理，后者主要是为了对信息重要度加以区分，以便提高信息处理效率。用户只需要智能机器提出具体要求便可，至于复杂的解决方案就交给智能程序了。

（二）智能多媒体技术

首先，人机对话更加灵活。传统多媒体在人机对话方面极为欠缺，导致教学单调乏味，不能取得预期的良好效果，但智能多媒体却不然，它能够实现人机自由对话和互动，还能结合学生实际对学生的问题给出不同层次的答案。其次，教学可行性更强。由于学生在认知能力和个人素养方面都存在差异，而且学习主动性也不尽相同，人工智能必须结合学生实际学习状况，为每一位学生设计制定个性化的学习计划和学习目标，对学生进行针对性较强的教学，真正实现因材施教。再次，具有强大的创造性和纠错性。前者属于人工智能的显著特征，而后者属于人工智能的重要表现方面。最后，智能多媒体具有教师特征。在实际教学过程中，智能多媒体可以对教学双方的行为进行智能评价，以便能够及时发现教学中的薄弱点，有助于实现教学相长，全面提高教学质量和教学效果。

二、计算机网络教育的现状

随着现代科学的进步，网络信息的发达，人们的教学观念和学习观念都发生了前所未有的改变，网络时代正全面到来。为了满足现代社会对人才的实际需求，培养大量现代化优秀人才，计算机网络教学模式业已成型并不断完善。目前，高校传统教学模式依然是现代教学主流，尽管在系统传授知识和规范培养人才方面具有无可比拟的优势，但在资金投入、效益创收和时空限制等方面具有很大的弊端，灵活性不足，无法有效满足现代教育的发展要求。

计算机网络教学对传统教学形成了巨大挑战，并产生了深远影响。它不仅有效弥补了传统教学的时空限制缺陷，而且赋予教学极大的乐趣性，吸引了越来越多的人积极投身到网络教学建设中去，任何人无论何时何地都能够通过网络课堂去学习和提高。但目前计算机网络教学发展仍处于探索期，在实际运用方面还存在许多问题：第一，计算机网络教学的学习支持服务体系尚不健全，导学手段和答疑方法还非常落后，由于各种原因，在服务方式上缺乏针对性、策略性和积极性；第二，计算机网络实验教学中存在空间分散、时间流动和自主性差等问题和弊端；第三，计算机网络的系统承载能力和信息查询能力还十分有限；第四，如何实现计算机网络考试的开放性，确保考试的客观性、公正性、权威性，已经成为网络教学发展的瓶颈；第五，计算机网络教学中的核心支撑系统——CAI，还无法有效满足和适应网络教学的实际需求和发展要求。

主流CAI课件主要有两种：一种是单机版的初级课件，包括简单的Authorware课件、PPT幻灯片和图文网页等；一种是高级的网络版课件。该类课件以静态图文和动态演示组成的网页为主，以聊天室、电子邮件和QQ群等形式为辅，是实现师生互动、网络答疑的一种改进型课件。初级课件在实际教学中以操作容易、更新及时和维护方便著称，但实际上就是传统教学手段的变相挪用。还有些课件，尽管在互动性方面有着不错的效果，但是制作烦琐、更新较慢和维护复杂。因此，高级网络课件是目前网络教学中的主流课件，已经成了计算机网络课件的固定模板。改进型的网络课件有效地解决了应用传统多媒体时师生互动不足的问题。上述两类课件是现在最为常见的两种CAI课件，尽管两者都有各自的优势，但作为网络教学的重要手段，仍存在许多问题和弊端：无法实现因材施教，无法开展层次教学；作为教学的一大主体，学生在个性化交互操作方面仍有很大不足；对学习过程中出现的普遍问题无法进行智能统计、分析和评价等。

三、人工智能技术在计算机网络教学中的运用

（一）人工智能多媒体系统

1. 知识库

智能多媒体已经不再是用来进行纸质媒体数字转化的工具了，它应该具备相应完善的知识库，而知识库里的教学内容要结合教学实际和学生现状进行针对性、个性化设计。同时，要实现知识库资源的高度共享，并及时加以更新和补充，如此才能充分发挥知识库的教学服务作用。

2. 教学板块

教学板块的设计主要是出于教学综合性考虑的，教学方法的创新是其关注的重点内容。该模块的实现要以掌握专业知识、教学策略和人机对话等领域的知识为前提，结合学生实际学习现状和特点，利用智能系统的现代化技术手段对知识和相关教育措施加以高效搜索。

3. 学生板块

及时掌握学生心理动态和学习状况是智能网络教学的一大特征，结合学生实际状况加以智能评判，进而加以针对性指导和个性化辅导，实现因人施教和因材施教，全面提高学

习效率和学习质量。

4. 用户模块

用户模块是智能系统无法忽视和省略的关键模块，整个智能系统的正常运行离不开人工程序操作，用户需要通过用户终端将教学内容上传到网络教学平台，才能顺利完成教学。

（二）人工智能多媒体教学的发展

1. 加强与网络的结合

随着网络技术的成熟，智能网络教学与网络之间的关系日益紧密，多元化、多维度网络空间日益成为一种趋势。互联网具有信息量大、更新速度快、超时空性等优势，加强与网络的结合是人工智能计算机网络教学未来发展的重要方向。

2. 加强智能代理的应用

人机对话、机器指导的教学模式将成为未来网络教学的核心模式，传统教师的角色将逐渐被计算机取代，最为典型的就是现代智能导航系统。

3. 加强系统软件的研发

系统软件的更新日新月异，旧的系统软件已经无法有效满足网络发展的时代要求，加强系统软件的研发可以充分满足网络要求，更好地帮助学生解决实际问题，进而提高学习效率和教学质量。

人工智能技术在计算机网络教学中的运用将为现代化教育提供新的发展思路，将全面改善网络教学环境，拓展学习服务渠道，提高计算机网络教学质量，并有可能彻底打破计算机网络教育的时空限制，全面加强网络教学的开放性，实现网络学习的个性化、人性化和智能化，充分落实以学生为本的教学理念。

第六章　计算机教学创新设计

第一节　计算机教学的教学主体设计

一、学生

采用"设计"这个动词来对待学生似乎不恰当。但是，如果从"学生、教师和任务是课题教学的三要素"这样一种理念来考虑，教师就必须琢磨自己施教的对象，设计学生就是在全面了解他们的基础上，充分发挥学生的个性，调动学生的积极性来实现教学目标。

（一）关注学生的专业发展，提高学习的质量

1. 针对学生的专业方向，满足学生的就业需求

在给一个游戏软件专业的班级上"编辑图形"课时发生了"罢课运动"，原因是学生们对这样的教学内容不感兴趣，他们的兴奋点仍然停留在上节课的绘制程序流程图上，什么地方需要画菱形图？什么时候需要循环？这些问题关系到将来的实际工作，至于把简单图形旋转、组合，或排列等问题与流程图关系不大。因此他们提出让老师换一下教学内容，教他们怎样画流程图。下课后，思绪仍然纠缠在学生的要求之中，在教科书中找到一段小程序，参考它认真画起流程图来，由于是在 Word 中画图，Word "绘图"工具的各种功能几乎都派上了用场。解决矛盾的思路逐渐地在头脑中产生了，设计这样一个"编辑图形"的教学任务：先教给学生读懂一段程序，然后让他们利用 Word "绘图"工具的"编辑图形"功能绘制该程序的流程图。这种做法是建立在"适合学生的就业要求"基础之上的，体现了以能力为本位的教学设计思想。

设计思路：在为"程序设计"专业的学生设计"绘图"工具软件中"编辑图形"一节课的教学方案时，遵循了这样一些教育思想：在文化课堂上为专业课奠定基础；在技术训练中得到文化思想的熏陶；在教学中增长自学的能力。编辑图形无非包含绘制简单图形、

插入图形、旋转图形、移动图形、缩放图形、组合及拆分图形等，对于程序设计专业的学生来说易如反掌。考虑到由于轻视而产生敷衍了事的学习态度，决定以专业需要作为切入点，将专业技能与基础知识结合作为激发学生兴趣的手段，提高学生学习的主动性。具体任务是让学生利用"绘图"工具栏上提供的各种工具和图形素材，绘制并编辑"射击"游戏的程序流程图，这里有意设计了 10 个分支环节，由此需要 10 个菱形框、10 个箭头、10 个"N"和 10 个"Y"相配合，才能构成一个完整的程序流程图。针对这么多相同图形的操作面临的主要问题是需要掌握选定和排列多个图形的巧妙方法，如使用"选定对象"工具，或通过按下 Shift 键再单击要选定的图形，都可以选定多个图形。但使用的场合不同，得到的体会也不尽相同。另外，先绘制一部分图形，再复制出多个图形，并组合在一起是一种有效的思维方式，但需要许多操作技术来配合，如图形分布、移动、组合与拆分等操作都需要动脑筋才能实现。可见，这样设计的任务既能学习基础知识，又能够训练专业技能，还可以优化思维方法。

实现过程：首先让学生们口述该游戏的操作规则及游戏情节，然后将其用文字写在黑板上，最后，再让学生们按照对游戏的文字描述绘制程序流程图。与此同时，对流程图的绘制规则，以及图中各种要素所代表的含义都做了比较规范和详细的解释，此举必定是超前行为，提前接触并了解到编程必定要经常打交道的"流程图"，为软件设计专业的学生将来学习专业课开了个好头。

在绘制流程图之前，要经过的一个必要环节是对软件进行"翻译"，即把游戏用户对游戏属性和操作规则的理解解释为编程术语，比如哪里是顺序执行、哪里需要循环语句、哪里需要采用分支结构，以及确定一些主要的陈述语句。如何绘制循环结构程序的流程图呢？这个问题本来应该留给程序设计教师在后续的专业课中进一步探讨，但是，有的学生已经对这个问题提出了质疑。由此，索性给完成任务快的学生再布置一个任务，就是用循环结构替换具有 10 个分支的分支结构，不过，需要教师补充一些有关循环程序设计的相关知识，为程序结构设计教学任务的顺利完成铺垫一些必要的知识。在绘制流程图的过程中，学生们可以学习到许多图形编辑方面的知识和技能，比如，在图形框中插入文字前需要减小文本框的内部边距，目的是缩小该框的整体尺寸，以便使整个流程图更紧凑、更协调；选定多个菱形的多种方法；采用"对齐或分布"操作，使 10 个菱形均匀排列成梯形；同时改变 10 个菱形的宽度，以便绘制两个菱形之间的流程线；菱形与箭头组合，以便在对齐操作中能够统一排列；还能够学习到图形的旋转等操作技术。

2. 注重自学教育，留给学生更多的发展空间

长期的教学实践使我们体会到这样一个道理：不但要了解学生的知识、技能基础，还要了解学生的性格和兴趣，这样才能获得设计教学任务的重要依据，为确定教学流程和确定教学方法提供可靠的依据。

基础知识都比较枯燥，Windows 窗口的组成和操作就是相当重要的基础知识，能否带

领学生走好这段基础路程，在时间和空间上，都将决定学生应用计算机的水平，如果教师单调地讲，学生枯燥地学，势必使学生产生厌倦的心理。所以，总结出"三不讲"的原则，即没用的不讲、学生会的不讲、学生自己能够摸索出来的不讲。根据这样的原则，模仿拼积木的思路精心编排窗口操作的实验题，通过缩放、开关及移动窗口等一系列操作，把多个小窗口平铺在一个大窗口中。这项工作看起来简单，实现过程却需要细心、精心和耐心来配合，这项智力技能与耐力的较量，使学生对窗口产生了浓厚的兴趣。

如何根据实际情况编制训练题，如何提高学生的自学能力，是教好计算机课的新课题。抱着走不如领着走，领着走不如放开手，遵循这样的原则，对高年级的计算机课进行了相应的探讨与尝试后，得出这样的结论：基础教学领着学生走，操作训练放开教师的手。在进行了一段时间的"领着走"之后，学生的本事大了，对那种"首先、然后"口令式教学模式已经厌倦。只有在恰当的时机让学生独立学习，才能达到既让学生自己走路，又避免学生摔跤的教学效果，放手容易，走好难。除了前期的基础教育之外，在"放手"阶段，要特别注重教师讲课内容的质量。内容要精而准，时间要短而紧，"内容精"指的是演示那些能产生举一反三效果的操作要点："内容准"指的是讲大多数学生将要产生疑惑的概念；时间短指的是教师讲课时间一定要限制在本节课程时间的1/3以内；"时间紧"指的是教学过程中各个环节衔接得紧凑连贯、自然流畅，总之，讲课内容精而准、讲课时间短而紧的授课模式，可以在学生的兴奋点还没有明显消失时就完成课堂的主要教学内容，以便留给学生更充足的自学时间，反复思考、多多动手、理解消化。

教师讲解课程内容要为学生留有余地，不要怕学生做错，在计算机操作过程中，一次反面教训胜过多次正面引导。通常情况下，总有少数学生在知识难点和技能难点之处产生疑惑，徘徊不前甚至"摔倒"，教师应该在恰当的时候纠正错误的理解，演示正确的操作，使学生产生"柳暗花明又一村"的感觉。

教学设计应关注整体课程内容的有机结合，既保持知识的连贯性，又体现操作要领的一致性。为此，在教学设计中，既要考虑学生个性、兴趣和基础的因素，又要保持教学内容的统一性；既要重视教学任务的完成，又要关注学生自学能力的提高，既要认真学习教材中的知识，又要启发学生拓宽知识。在课堂上的教学课时有限，学生学习计算机技术、为信息社会服务道路还很漫长，在课堂教学中必须注重培养学生自学的能力，逐步提高独立开发、自主应用新软件的能力。比如，因为软件的窗口、对话框、菜单等部件的组成结构和操作方法基本相同，可以多教给学生一些共性的操作技能，及时大量地收集、总结基础知识和共性操作方法，将这些内容融合在任务中传授给学生，才能使他们对常用的软件操作自如，遇到新软件，很快就可以掌握其操作要领。

这种能力的日积月累、精益求精，将使他们身怀绝技，在21世纪拥挤的信息高速公路上，拥有较强的竞争能力和拼搏空间。通过上述教学环节的安排，可以加大教学容量，提高课堂效率，使学生具备自学能力和独立开发新软件的能力，这才是终身教育的宗旨。

(二)利用学生的个性差异,让每个学生均衡发展

1. 通过分层教学解决学生基础差异带来的矛盾

由于多种原因致使班级中的学生在学习计算机课程时表现出明显的"分层"现象。有的学生操作计算机的技术比较熟练,知识面也比较广泛;有的学生几乎是零起点,需要多方面知识和技能的铺垫。解决矛盾的原则还是因材施教。

设计思路:学生与教师之间存在一些障碍,而学生与学生之间不但容易沟通,而且还"心有灵犀一点通",这个"灵犀"来源于他们在年龄、兴趣、处境、感情之间的吻合和一致。所以,集中精力培养出几名掌握知识和技能都比较熟练的学生,作为一些基础比较差的学生的小老师,这种做法为解决学生差异、实现分层教学做出了有益的探讨。

实现过程:这个问题的关键是选拔出操作基础扎实、热心为大家服务、辅导方法适当的学生。这个问题说起来容易,实现过程存在一些难度,"服务"比"操作"难,"辅导"比"服务"难。我们采取"课上与课下结合、学习与活动结合、鼓励与督促结合"的措施,逐渐迎合了学生的心理特点。在课堂上,让经常提前完成任务的学生负责帮助自己同桌、同排、同组的学生解决操作难点,给他们提供更多的为大家服务的机会。经过一段时间的实践,有越来越多的学生开始对当"小先生"感兴趣了。

发现苗子以后,首先要培养他们的服务意识,让他们经常参加一些服务性的集体活动,如布置家长会的会场、做运动会的服务员等。接下来是在实践中提高他们的计算机技术,如让他们和老师一起维修机房和办公室的计算机,带领他们参加一些计算机竞赛等,逐渐在实际活动中提高他们的计算机水平。最后,再纠正他们在辅导基础较差学生过程中的一些不正确做法;如演示的速度太快,以至于对方来不及思考和记忆。除了上述做法之外,还要注意在开始阶段,老师一定要带领"小先生"进入"实习"阶段,这样做有两个目的:一是为了打破僵局,避免"好学生不好意思、差学生不太服气";二是发现问题,逐步提高"小先生"的"教学"水平。

2. 针对学生的性别差异,调动课堂上的积极因素

在日常教学中,很少有人会依据学生的性别来改变教学方案的。但性别的确能够使男生和女生对待某节课的兴趣产生较大的差别,尤其是在上专业课时表现得尤为突出。比如,男生喜欢动手,还不时表现出争强好胜的特点;女生喜欢动脑,干些细致、文静的事情。为了充分调动所有学生的积极性,在教学中可以设计出两种不同的训练题,体现在课堂教学中对性别差异的关注。这种思考在计算机教学中尤其能够得到很圆满的实现。

问题由来:在计算机课堂教学中,男生和女生对计算机的爱好程度不同,爱好的角度也不同。男生喜欢具有刺激性的教学内容,如完成速度竞赛、智力竞赛、脑筋急转弯性质的训练题,他们的主动参与意识要明显强于女生。女生对可以表现个人审美观点、需要细

心和耐心操作的训练题感兴趣，她们喜欢先动脑再动手，这点正好与男生相反。利用性别的特点来设计课堂教学不但可以激发学生对知识的渴望，还能够充分发挥学生内在的潜力，使创新能力在学习中得到足够的发挥，对在计算机课堂上进行素质教育具有一定的好处。

在"砌砖墙"的竞赛中，受时间和步数两个竞赛条件的限制，学生要经受操作技术熟练和思维方法巧妙的双重训练，在主动竞争的过程中，学习知识和训练技能的效率不断提高，可见，这样的教学过程必定是全面实现教学目标的新颖、科学和活泼的教学形式。在女同学绘制"美丽校园"的学习与创作并举活动中，她们面对单调、呆板的普通表格，经过种种必要的编辑和修饰之后，一幅充满纯净、天真、爱心的图画展现在我们面前，她们除了获得与男生同样的知识和技能方面的收获之外，还在心灵中经历了一次美的熏陶。然而，怎样弥补"砌砖墙"任务中缺乏的修饰表格的教学内容？怎样弥补绘制"美丽校园"图画时缺少的编辑表格的训练呢？解决的方案是对原作品进一步完善，比如，利用修饰表格的技术给砖墙涂上不同的图案和色彩；利用编辑表格的技术改变教学楼的结构（可以移动大门的位置，改变窗户的尺寸等）。同时，可以让男女生互相辅导，提高学习的效率，并增强学生之间的互助意识。

二、教师

（一）积累宽泛的学科知识

要想成为一名优秀的计算机教师，没有深厚的计算机专业知识不行，没有熟练的专业技术不行。但是，仅仅具备了本学科的知识和技术还不够，因为没有宽泛的其他学科知识的支撑，计算机课堂教学就会变成孤军作战。所以，广泛地学习多种学科知识对于认识计算机、学习计算机、教授计算机都会产生潜移默化的作用。

问题由来：新生开学初期的计算机课程基本以"计算机组成结构"为主，但这种课程内容实在是令教师难讲、学生难懂。怎样看待这段教学内容呢？是累赘还是契机？是无用还是无价？是无关还是紧要？种种疑问的答案取决于对计算机文化教育观的认识和理解。为了教师深入浅出地讲解，为了学生生动活泼地学习，决定将人的神经系统与计算机建立科学的联系，用形象的比喻和生动的语言打动学生、感染学生、牵动学生，使学生在兴趣驱动之下加深对计算机组成的理解，用机器的思维、方法和作风影响学生，提高学生的综合素质。另外，用机器的思维训练大脑是计算机教育工作者必须探索和实践的问题，假如学生们能够从计算机那里学到精密无误的思维方法和精益求精的工作作风，他们将变得更聪慧和更理智，自主能力将不断提高。然而，对神经科学的了解几乎与学生在同一个水平线上，需要认真学习、深刻领会才能在联系计算机组成时游刃有余。学习一定的神经学知识可以拉近人与计算机的距离，密切人与计算机的关系，增进入对计算机的感情，这对于深刻理解计算机的专业知识有着不可忽视的积极作用。下面的一段文字就是学习神经知识后明白的道理和获得的体会。

理性思考：如果你曾经阅读过"神经系统"之类的书籍，就会因为组成计算机的逻辑门与密密麻麻分布在人体中的神经元惊人地相似而目瞪口呆。神经元具有传达和筛选信息的能力。神经元像一个黑匣子，它的输入端呈树状，因此叫作树突（相似于逻辑门的输入端），一个神经元的输入端可以多达10万个。但神经元只有一个叫作轴突（相似于逻辑门的输出端）的输出端。更令人惊叹的是，轴突与核心细胞的连接方式竟然与面接触式场效应管完全吻合，都是采用非接触式的"电容感应式"。科学家设计场效应管时充分考虑到提高电子运动的流速，想必神经元的突触采用非接触方式也是为了提高神经系统的反应速度吧。不过必须明确的是先有神经元，后有逻辑门，这正是人类将仿生学应用到计算机的最细微处、最极致处的精彩见证。

当众多输入信息到达神经元的核心细胞时，经过抑制或放大，最终形成一个输出信息从树突输出到邻近的神经元，经过必要的处理再传输到下一个神经元，这个过程与逻辑门的工作惊人地相似。

（二）不断提高实用的专业技术

学生对教师的信任来自教师本人知识水平和专业能力。教师应该具有完整的专业知识体系，还应该精益求精，只有熟练地掌握计算机专业技术，在讲解剖析计算机的组成结构时才能游刃有余，在形成软件的设计思路时做到轻车熟路，这样才能在学生建立威信，让学生信服，这是充分发挥教师的主导作用的重要条件。

问题由来：一名教师在讲解数码显示器74LS47时，由于对该集成电路的功能了解不全面，只是把它当作一个单纯的"二/十进制译码器"，忽略了"七段译码"部分的存在，当教师胸有成竹地把"二/十进制译码"的原理讲完时，由于一个学生的疑问引发了教学中的矛盾，课堂教学出现了尴尬的局面。当时老师举的例子是把"1001"二进制数送到74LS47电路的输入端，分析的结果是在Y0端输出"1"，其他9个输出端都是"0"，然后显示块就显示出"9"了。学生问：按照老师的介绍，数码块要显示"9"应该有6个笔画点亮呀！为什么只有一个Y9信号发生变化呢？它们是怎样转换的呢？一连串的问题几乎已经把老师遗漏的问题明朗化了，就是因为在"二/十进制译码器"的输出端和显示块的输入端之间还存在一个"七段译码器"才能够使译码的结果继续被二次译码，最终得到点亮显示块所需要的一组低(高)电平信号。试想一下，如果根本就没有考虑二次译码问题，这位教师如何来解答学生的疑问呢？更严重的问题可能还会发生在学生就业之后，当面临现场施工中的这种尴尬局面时，我们的学生怎样收场呢？学生会对当年给他讲解74LS47电路的老师做出怎样的评价呢？

实现过程：有人会说，让一名教师学习那么多的东西谈何容易！是不容易，但是，千万不要忘记"实践出真知"的道理，而且实践是获得知识最便捷的途径。比如，你对显示块译码驱动电路 74LS47 的结构和作用不清楚，可以找到它的使用手册，自己搭一个简单的电路，随便在输入端输入二进制数字（如 0101），当显示块显示"5"时正好与二进制数吻合。重要的问题是教师一定要在研究、实验过程中锻炼自己的分析能力，并且一定要把自己的分析方法和思路传授给学生，使他们的独立工作能力得到逐步提高。

虽然看不到它的内部结构和实现过程，但是，可以把这个集成电路看作由两个黑匣子组成，第 1 个黑匣子有 4 个输入端（二进制）和 10 个输出端（十进制），接收的是手工设置的二进制数；第 2 个黑匣子有 10 个输入端和 7 个输出端，接收从第 1 个黑匣子传来的数据。凭借逻辑推理自然会考虑到第 1 次译码实现二进制向十进制的转换，第 2 次译码必将是一次特殊的译码，任务是将十进制数的数量问题转换成 7 条发光二极管谁亮谁灭的问题。由于发光二极管是按空间位置分布的，使转换偏离了"进制"转换的思路，成为一个特殊问题。怎样解决课堂上出现的特殊问题，万能的方法仍然是列表法，使问题清晰化。

要上好这样内容的一节课，单凭热情不行，只重视教学方法也不行，教师必须具备一定的专业基础知识，如相关集成电路的管的特性、分光二极管的特性、二进制与十进制转换问题等。可见，只有专业知识宽泛，才能讲解透彻。要做到知识渊博也不难，"功夫不负有心人"，只要坚持日积月累，知识会越来越丰富。

另外，从学生的角度考虑教学生的问题，仍然是年轻教师容易忽略的问题。比如在这节课上，这位老师认为"七段显示"没什么可讲的，但是，为什么不采用 8 段呢？为什么不采用 6 段呢？这里面有许多道理和趣味，应该不要错过开发智力的好机会，最起码可以让学生用 7 根火柴杆拼出 0～9 这 10 个数字，虽然问题简单，但这样做确实能够提高学生的想象力，还能够培养以最少的投入获得最大收获的思维方法。如果有条件，还可以拿来早期使用的将 0～9 分布在 10 个不同层面中的荧光数码管，通过与"七段数码块"相对比，我们就会发现，重视"火柴杆"问题并不是小题大做，而是重温科学家当年发明这种简单实用的数码显示器件时所呈现的聪明才智和巧妙的思维方法。

理性思考：担任"计算机工业控制"课程教学的专业课教师不是一件容易的事情，必须具备比文化课老师多得多的专业知识，必须具备"计算机应用基础"以外的许多操作技术。另外，还需要掌握电子电路、自动控制、伺服设备、传感器件方面的相关知识，仅仅依靠在教育院校学习到的教育思想和教学方法是远远不够的。单凭青年教师的热情洋溢不一定能解决专业技术中的疑难问题，只有实实在在地设计教学目标，踏踏实实地积淀专业功底，才能把真功夫传给学生，才能使你的学生经得起实践的考验，成为有知识、有技术、有能力的智慧型劳动者。

教学设计不只是目标和方法的策划，对于专业教师来讲，针对教学内容、难点和重点，细心地检查一下自己的知识在哪里有欠缺、自己的技术还有哪些低下之处，然后给自己"充电"，使其满足学生和教学内容的需要，这个自我调整和丰富的过程就是"设计教师"的过程。每当讲授一节新课之前，教师必须认真研究本节课教学内容中的概念和原理，有时还要通过做实验才能得到正确的结论。只有深入理解、宽泛了解，才能透彻讲解。

第二节 计算机教学的内部因素设计

一、教材设计改革

（一）瞄准教学目标，精心组织教材

多种专业共用一种教材使得"众口难调"更加凸显，没有哪一种教材能够同时满足如此繁多的不同专业的需要。看来，教师等教材、依赖教材、认准一本教材不放手的老一套教材观念必须彻底改变，取而代之的是校本教材、专本教材、师本教材、学本教材这样的新观念。如果把课堂教学比作一场戏剧，教师不但要担任引导学生学习的导演，还要成为剧本的编辑者，虽然教学内容基本相同，但是，不同专业的教学目标是不同的，选择教学素材、确定教学方法、应用教学手段等都需要有针对性。换句话说，面对不同专业的学生，教师需要设计不同的教学方案，才能提高教学的针对性，使教学活动更加活跃和高效。比如，面对电脑美术专业的学生，应该多提供一些艺术作品作为操作素材，提高学生的艺术品位，同时也能够增加学生们学习的主动性；面对金融财会专业的学生，应该减少Excel中格式化操作方面的内容，增加一些与数据处理有关的内容，如函数计算、排序、筛选、分类汇总和图表等内容，这些都是金融行业所需要的专业技能，是学生比较关注的知识和技能。

1. 根据教学难度恰当整合教材

构成计算机软件的程序是由一条一条的机器指令组成的，指令又是由微指令组成的机器语言。程序设计是计算机专业不可缺少的基础课程，但微指令与用户的距离很远，是否要写入教材呢？在回答这个问题之前，让我们先来认识一下微指令。微指令归属于计算机的硬件范畴，微指令是不能再被分解的硬件动作，再现了科学家渗透在计算机结构设计中的科学思想和先进文化。在计算机运行的前前后后、分分秒秒中，是硬件支撑着软件承载着人类的智慧、文化和思想在有序运行，逻辑推理是计算机的天性，计算机的深刻哲理都来源于逻辑推理。当判断"警察抓小偷"程序的流向时，要通过微指令的执行来简单推理、判断，当"蓝深"计算机战胜国际象棋世界冠军时，这种极其复杂的推理过程也是通过一条一条微指令的执行来实现的。计算机的软件能够模拟人类思维的模式来运行，计算机的硬件结构也必须能够适应这种思维流动。可见，微指令就是靠硬件支撑的最小软件元素，

了解微指令不但不会增加学习的难度，反而能够使学习与思维联系、电脑与人脑结合、硬件与软件和谐，能够深入浅出地认识计算机的工作原理。

问题由来：面对道理深奥、难以触摸的计算机指令系统，有时教师讲起来杂乱无章，学生学起来望而却步，但这些内容确实是计算机应用专业学生必须掌握的基础知识，这部分内容的教学已经成为计算机教学的老大难问题，比如高水平的编者喜欢将程序、指令、微程序、微指令、微命令、微操作一股脑地写进教材，使得教材的针对性降低，令读者不知所措，面对这种情况，是照本宣科还是重新组织教材？成为改变教学窘况的要害问题。

设计思路：对于重新组合"指令系统"的教学内容，曾经有许多种尝试，但最成功的要数"以图为主，以文为辅"的方案。形象地讲，这是给教材进行一次大刀阔斧的手术。简单地讲，就是浓缩大量的文字描述，融入图示当中，使人一目了然、回味绵长。浓缩的文字有的来自本单元，有的需要从其他章节中截取，在突出"指令系统"结构的主题下，用简短的文字描述各种指令层次之间的关系，在此基础之上，用流程图或框图来补足文字内容。画图需要遵循一些原则，那就是层层"脱寒"，由表及里，把握脉络，深入浅出，这样有利于理解和掌握，有利于归纳和记忆。下面，就指令系统单元内容的重组过程介绍教材设计的方案。首先从"加法"程序开始解剖，将其分割成若干个机器指令，然后再把每个机器指令分解为若干个微指令，最后将微指令细化成多个微命令。接下来的工作就是绘制三个流程图，将程序、指令、微指令和微命令的包含关系层次化。另外，还需要绘制一个结构框图，使"指令系统"的结构更加紧凑，来龙去脉更加清晰，容易在头脑中建立宏观的整体概念。

2. 挖掘文化内涵，充实教材内容

计算机中蕴藏着丰富的文化内涵，无论教材有多厚都无法包含如此丰富的知识。教学设计为我们提供了将文化融入课堂的良好机会，关键的问题是要弄清什么是计算机文化、从哪里搞到计算机文化。接下来才是我们要说的主题内容，那就是怎样将计算机文化融合到计算机课堂教学之中。所有这些问题都可以沿着计算机的原创性和计算机的应用性这两条线索来展开讨论。

（二）从计算机的发展过程透视计算机文化的形成

在计算机硬件中埋藏着丰富的文化资源，它是教学素材的天然大仓库。著名数学家冯·诺依曼（John von Neumann，匈牙利）曾经分析了电子计算机的不足之处，提出了两项重大的改进，其中一项就是将十进制改为二进制，从而使计算机电路在简单性、廉价性和稳定性方面发生突破性的进展，使计算机的组成结构和运算过程大为简化。如果采用十进制，就是用 0、1、2、3、4、5、6、7、8、9 这 10 个数作为数的基本元素，通过它们之间的任意组合，组成任何长度、任何数值的数。组合一个十进制数当然不是什么难事，但接下来的问题将使计算机设计工作举步维艰。产生10个基本元素就需要9个调整在不同输出值的直流模拟放大器来产生，运算时其困难程度与二进制相比简直无法描述。

众所周知，处于开关状态的电路耗电量最小，状态最稳定，传导速度最快，而在放大区工作的电路在诸多方面都表现出明显的劣势。更难设想的是，微处理器的结构将变得非常臃肿和笨拙。如果当初不更换成二进制结构，计算机绝不会有今天这样的优质结构和日新月异的发展速度。由此可见，这项改进是建立在数学和电子学等学科的基础之上，换句话说，没有众多学科的先进思想、文化和技术的支撑，计算机单靠孤军作战是难以成就大业的。

冯·诺伊曼的另外一个伟大贡献就是对程序和数据的整合，改变了用纸带穿孔来编制程序，而是将程序提前输入计算机内，与被加工的数据放在一起，使得电子计算机的全部运算成为真正的自动过程。数据存放在一定结构的框架之中，供程序在数据加工过程中方便地存取，使得计算机成为一台名副其实的自动思索、自动加工、自动输出的智能感知的机器，以至于人们形象地称计算机为电脑。在此次改进过程中，科学家将那么多的自动机思想、数据结构理论、语义概念应用于改造计算机的硬件结构和软件方法中，为后人从中吸收大量的先进文化奠定了深厚的基础。冯·诺伊曼提出的两项改进是计算机结构思想中一次最重要的改革，标志着电子计算机时代的真正开始。从此，他那崭新的设计思想，深深地印记在现代电子计算机的基本设计之中，使他获得了"电子计算机之父"的极高评价。

1. 挖掘素质教育方面的素材

素质的概念涵盖较广，这里仅就主体能力和智力的提高来说明如何组织教材。作为非新毕业的教师来讲，面对一个新的软件，一般都能制定出包括知识和技能方面的教学目标，并撰写出比较规范的教学大纲，完成每节课的教学方案设计。但如果要求教师在教学中必须包含一定比例的能力培养和能力开发方面的教学内容，可能就不那么容易了。这里的能力不是指"打字快速""排版漂亮"或"绘画生动"，而是指诸如逻辑思维能力、归纳能力、描述能力、与人合作能力等主体性能力，是与人的思想、动机、动作、反映、神态、举止等主体要素融为一体的东西，是生命力强、生命周期长的东西。换句话说，这些外来的能力变成了人的内部素质。智力因素有先天的成分，但后天教育改变智力状态的例子屡见不鲜，计算机因为具有广泛的、深刻的、精致的以及人性化的智力因素，对于提高学生的注意力、观察力、想象力、记忆力等都存在着很大的潜力。可见，计算机必将成为开发人类智力，使人类更聪慧的天然平台。

计算机软件的根基是计算，计算机的一切创举都来源于对数值精确地计算，这使得计算机与数学建立了血缘关系。无论是画出一个简单的圆形，还是进行探月轨道设计，计算无时不在，数学方法、数学思想和数学文化融合在软件的每一条指令中，浸透在数据的每一个字节中。面对今天的二进制，不禁使人想起中国古代的"八卦图"，仔细观察八卦的每一卦象，竟然会发现它们都由阴和阳两种符号组合而成，当我们把八种卦象颠来倒去地排列组合时，脑海中会突然火花一闪，这不就是很有规律的二进制数字吗？若认为阳是"1"，阴是"0"，八卦恰好组成了二进制000到111共八个基本序数。看来，中国人的智慧是领先世界的，但科技进步得太晚了。

把民族文化融合在基础知识的学习中（二进制及其运算）。

问题由来：在听课的记录中几乎没有看到关于"二进制"的字样，即使是有经验的老教师，在做研究课或示范课时也要回避二进制的内容。久而久之，二进制教学成了名存实亡的"应付课"。在漫长的"计算机原理"教学中，二进制已经成为令学生讨厌、让教师为难的教学内容。然而，一位年轻的教师不但在学校，即使是做区级和市级的研究课也敢于将自己精心设计的"二进制及其运算"课亮出来，供听课的专家们评头论足。结果是换来了大家一致惊讶与赞赏，认为这是一节借助于基础知识弘扬民族文化、通过素质教育促进难点突破的好课。

设计思路：现实当中有许多应用二进制原理或体现二进制思想的实际例子，如果能够将呆板、枯燥的概念及运算法则讲给学生听，无论在实现知识目标还是素质目标上都不会得到什么好结果。反之，如果能改变僵硬的教学模式，采用寓教于乐的教学方法，让二进制从师生冷淡的目光中解放出来，还二进制光彩夺目的历史面目，就可以得到良好的教学效果。突破教学难点的主要利器就是起源于中国的"八卦图"。

实现过程：在课堂教学中，引进了多项生活中体现二进制思想的实例来帮助学生理解、消化二进制的概念，但最有成效的莫过于"八卦图"借喻八个卦象中的长横和短横组合的规律，教师能够通俗而准确地介绍二进制的计数方法，并围绕"八卦图"展开二进制概念的讲解。这样做的结果使导入像磁石一般将学生紧紧地吸引住，使原本学生最难理解的原理和方法变得通俗易懂，使学生的学习变得自主和活跃。

2. 摆正计算机专业与计算机文化的关系

如何摆正计算机在课堂上的特殊位置？把计算机挂在墙角？放在桌子上？还是摆放在实验台上？这些都不是我们要讨论的问题。我们所关注的是如何把计算机看作一门特殊的学科，在这个"不速之客"出现在课堂教学中时，给以区别对待。计算机既不像"解析几何"那样只是一本书，也不像算盘那样只是一个计算工具；计算机不单纯是一台放映图片的幻灯机，也不单纯是一台记录音频的录音机，确切地说，计算机是书，是一本铺天盖地的百科全书；计算机是工具，是一台变幻莫测的万能工具；计算机是机器，是一台有思维的机器；计算机是设备，是一台海量存储的设备，这就是计算机在课堂上的正确地位。在设计、教学和学习当中，必须建立机器、学生和教师之间的全方位联系，包括在知识、思维、作风和品格方面的联系，才能真正发挥计算机与众不同的学科作用。

二、任务设计改革

在任务驱动教学模式逐渐被广大教师和学生接受的情况下，研究任务驱动的依据，纠正任务驱动的不良倾向，提高任务驱动的实际效益，这些都是教师在设计教学任务时应该认真考虑的问题，有人说教学任务是教学的关键，应该再补充一句：好的教学任务是实现教学目的重要条件。

参与"太阳出来了"动画的有三个图形，它们在"顺序和时间"标签对话框中排列的顺序是太阳、阳光和窗帘，这就是动画的顺序。有一点必须清楚，那就是19类动画效果的真实效果随作用的对象不同而发生变化，正如同样是微笑，不同性格的人给人的感觉是不一样的，比如"盒状展开"作用在"双臂"上表现为"伸展"的效果，作用在圆形上表现为"放大"，作用在阳光上表现为"放射"。所以，在完成"太阳出来了"任务时，就应该通过实验来确定最符合实际的"效果"，而不是单凭列表框中给定的名字来确定。放射是动画中比较精彩的一个场景，但没有现成的效果，通过观察各种效果作用在圆形上发生的变化，最终确定选择"盒状展开"。由旭日东升到阳光灿烂要有一个变色的过程，在"效果"标签对话框中有一个"动画播放后"列表框，其中"其他颜色"就是指图形的动作完成后要改变的颜色，可以从中任选一种。本例选择了"金黄色"，使太阳从初升时的红色变成了升起后的金黄色。能够使窗帘产生下落效果的有向下"擦除"和从上部"伸展"两个选项，通过观察认为前者比较形象，更接近拉下窗帘的效果。

理性思考：为什么同样是"盒状展开"，作用在不同对象上产生的效果却不一样呢？这说明效果是一种综合性的东西，不会只由单一的因素来决定。这就使我们想起人人皆知的"教无定法"来。经常批评学生的教师不明白，即使方法再高明，也不一定在所有学生身上都适应。还有一点就是教育者与被教育者是矛盾的两个方面，是互相作用的，存在着作用力和反作用力，最终的合力其方向和大小都不会由教师自己来决定。对于某个学生如此，对于一个班也如此，对于专业不同的两个班，教学的任务和方法都应该是不同的，应该体现分层教学的思想。从这个问题上可以折射出教育问题：作为班主任应该掌握每一个学生的特性，应该了解学生面对一个新问题所产生的活思想，才能对症下药，才不至于千篇一律地责怪或劝导。

（一）好的任务来自精细地观察

问题由来：一天至少有两次要看到红绿灯，有时还要等在十字路口，不时抬头观看灯的颜色是否发生变化。所以，对于红绿灯变化的规律大家都很熟悉，但真正让人对红绿灯感兴趣是当 Power Point 课程进入动画设置时，打算为学习"动作的顺序和时间"寻找一个主题鲜明、形式新颖、频繁接触的情景，以便设计一道能够帮助建立"顺序控制"概念的训练题，使"计算机工业控制"专业的学生掌握顺序控制的技术。又一次经过十字路口时，学生的思路马上定格在红绿灯对于顺序和时间的控制，再没有什么情景比十字路口的红绿灯变化更适合的。为了设计出高质量的任务，学生不止一次在十字路口观察、思考，确定设计思路。

任务描述：请学生们先到十字路口认真观察红绿灯变化的规律，并绘制简单的红绿灯变化顺序图，这是提前布置的任务建立一个空白的演示文稿，然后设计这样一个情景：

动脑筋就能够制作一个作品，但久而久之思维就僵化了。许多音乐家并不喜欢电子琴，因为模仿永远不能表现内在的东西，音乐的真正艺术和魅力用电子技术是无法实现的，只有当人与自然充分地结合时才能创造出感人的艺术作品，音乐是这样，计算机教育同样如此，教师希望自己的学生越来越聪明，在文化基础课教学中，除了积累知识，怎样进行自主能力培养呢？怎样实现智力开发呢？在这个任务中有两点可供借鉴：一个是培养学生有条不紊的工作作风，体现在设计多个红绿灯遵循一定规律亮灭的过程中，如果学生能够独立思考完成这样的任务，他的思维方法肯定会因为受到计算机的影响而变得更辩证和科学；另一个是，学生在实现整个任务中所提高的操作技术是平时不能比拟的，因为越是逼近实际的任务涉及的知识和技术越是丰富和适用。

（二）任务应该包含重要的知识点和技能点

问题由来：听过这样一节用任务来驱动的关于 Word 制表位的课。因为涉及即将召开的学校运动会，学生最大的兴趣来源于任务的实际性，至于教学要点问题根本不关心，任务很快就完成了。然而，在等级考试中，全班只有三人及格。惨痛的教训不能不发人深省，任务驱动模式有问题吗？老师讲解不清楚吗？学生粗心大意吗？显然都不是，问题就出在任务只包含制表位位置和制表位类型两方面的知识，而且只用到了"竖线"和右对齐两种制表位。

还有左对齐、居中对齐和小数对齐三种对齐方式根本就没有涉及。教师只是片面地照顾了任务的事件性，任务设计中忽略了包含教学目标中的重要知识点和技能点这样一个原则。针对这样的问题，也同样设计了一个学习制表位的任务。在这个任务中，几乎包含了所有的知识点和技能点，在任务各种要素的驱动下，主要教学目标潜移默化地实现了。

任务描述：新建一个文档，通过设置多个制表位的各种不同格式制作一个用户调查表，目的是了解学生对《计算机应用基础》作用的评价、学生希望使用什么样的教材、学生对教材价格的承受能力，以及学生使用计算机做什么。各个数据究竟应用了制表位的哪些要素，可以通过观察标尺上的制表位符号来判断。

制表位是非常有实际意义的功能，使用起来非常有潜力。但是，由于标尺是制表位操作的主要对象，因而稍不经意就会产生许多麻烦。所以，在动手操作以后，还要进行必要的小结，概括操作难点和技巧，以便巩固知识、澄清疑难。首先应该总结一下制表位的继承性，然后总结制表位的三要素（制表位位置、制表位对齐方式和制表位的前导符中制表位位置和对齐方式）可以在对话框中设定，也可以在标尺上设定。拖动标尺上的制表位符号，还能够改变制表位位置，或删除制表位。但是，前导符只能在对话框中设定，双击标尺上的制表位符号，可以快速打开"制表位"对话框。制表位有五种常用的对齐方式，包括左对齐、右对齐、居中、小数点对齐和竖线对齐，比较陌生的是后两种对齐方式。在设置"竖线对齐"格式的同时，系统就自动在符位置插入了一条与行高相等的竖线，经常用作表的分界线，不能在"竖线对齐"制表位的位置上插入任何字符；采用小数点对齐方式的数字无论有多少位整数和小数，对齐的基准依旧是小数点符号。但是，如果在小数点对齐制表位处输入了不带小数点的数字，数字将自动被改变成"右对齐"方式。制表位的前导符有三种，分别是"实线型""虚线型"和"点画线"，只有在"制表位"对话框中才能设置或改变制表位的前导符。如果一个制表位被设置了一种前导符，当光标移动到该制表位的同时，前导符的形象将自动显现出来。

最后，有必要介绍操作制表位的一些技巧，比如：通过单击"制表位对齐"按钮改变对齐方式；单击标尺建立制表位；横向拖曳制表位能够改变其在标尺上的位置；纵向拖曳制表位可以删除制表位；利用格式刷能够复制某段落中的全部制表位；只有设置制表位的前导符必须在"制表位"对话框中进行，双击标尺上的制表位可以快速打开"制表位"对话框等。

理性思考：通过了解上述设计制表位教学任务的过程及思想，感觉到这样的任务确实包含了许多制表位的知识和操作技能，对于全面完成教学目标具有重要作用。可见，任务是个大口袋，里面潜藏的知识点和技能点会在任务分析过程中暴露出来，并应该采取恰当的教学方法对难点和重点进行突破。任何热热闹闹但脱离了教学目标的任务都是不可取的，到头来只会得到一个华而不实的虚名。

借此机会，还想对图形化语言多说两句。在Word和Excel中，标尺是一个作用重要、变化多端、操作灵巧的窗口工具，为文字处理和表格精确制作提供了度量的尺子。在标尺的左侧有一个小符号"L"，这个符号代表此时产生的制表位将要保持左对齐的格式。如果连续单击这个小符号，就会陆续显示居中对齐、右对齐、小数点对齐和竖线对齐方式，为编辑制表位提供了极大的便利。然而，怎样辨别各种制表位的类型呢？是小符号做出了各种变形，以形态的变化代替了文字的描述，从而加深感性认识，为操作提供便利。

（三）设计任务必须注重能力培养

怎样突出绘画作品的"细腻性"呢？可以通过以下细节的设计来体现：

一是画面中的主角是一头满头白发的雄狮。狮子的原形是黑色颈毛，怎样将剪贴画的一部分染上黑色呢？首先需要先拆分剪贴画，再选矩颈部的多个小图形，最后改变选定图形的颜色，还要将打散后的狮子组合为一体，以便进行后续的处理。

二是怎样将水平行走的狮子向下倾斜一定的角度呢？使用"自由旋转"工具可以做到这一点，有些操作技巧是在旋转中会得到充分训练的。

三是对于山水的描绘也要体现"沧桑",高低不平的山峦体现地壳的变迁,这样的思想需要采用"自由曲线"来画山脉,可以学习到许多绘画技巧。

四是斑痕累累的峭壁体现多年的风化,这是通过给"山脉"这个图形填充"纸袋"类型的"纹理"来实现的,从而了解了改变图形填充色的操作方法和要点。

五是还有几处用到了图形的填充色,一处是大海,它的处理比较单一。麻烦的是为五角星增加填充色,为了体现放射光芒,应该选择"双色过渡"和"中心辐射"的"底纹样式",另外,灯塔的门用到了木纹 B 型的填充色。

问题由来:经常到超市里去,逐渐开始关注设立在起市出口处的由简单货架组成的快速购物设施。这里摆放的物品都是比较常用的小物件,如口香糖、听装饮料、创可贴等。又发现,这里的商品在不断更新,变化所遵循的规律是什么呢?在接下来的观察中发现,货架分为多层,商品摆放的层数不是一成不变的,而是在不断地更换。更换的理由是什么呢?肯定是遵循"销量大者优先"的原理,那么,一定要经常对货架商品的销量进行统计,而且根据统计的数值决定其摆放的位置。经过多次观察,最终肯定了自己的猜测。对超市这样感兴趣的原因是想为讲解"高速缓冲存储器"的工作原理找到一个通俗易懂的解决方案,即把"高速购物"原理嫁接到高速存储器上,深入浅出地解决教学难点。

设计思路:商品管理方法是金融商贸专业学生需要学习的重要内容,计算机本身就是一个有条不紊、科学高效运转的机器,它自然要对自身成千上万个部件和成千上万条指令进行精心的管理,这种管理方法及技巧无疑成为我们学习"科学管理"的教学资源,高速缓冲存储器的工作过程就是一个典型的实例,如何提取这种科学的思想为教学服务呢?翻阅了大量的相关资料,最后将关注点定位在高速缓存的工作原理上,这不就是一个优秀的商品管理方案吗?通过逐个将存储管理的重要环节与超市商品的流通环节进行对照,逐渐形成了任务的雏形。接下来的首要工作是应该将高速缓存的工作原理转化成一幅工作原理框图,然后就可以要求学生参考这个原理图来设计自己的商品管理方案了。还有一个重要的问题需要认真思考,那就是怎样使这个任务更具操作性呢?因为类似"方案设计"这样的任务比较适合用图来表示,而模仿是最有效的途径。因此,要求学生参考原理图来设计管理示意图是比较合适的途径。

三、流程设计改革

为了比较具体地说明怎样设计课堂教学的流程,下面的讨论都以任务驱动模式为例。在本章中将讨论三个问题:第一,任务驱动的标准流程;第二,分段进行驱动;第三,在任务驱动中还有任务驱动。

(一)任务驱动的常见流程

示范操作不是一个简单的问题,是为全盘示范还是局部示范?示范当中需要给学生留有一点自主学习的机会吗?是让会做的学生为不会做的学生示范,还是老师统一做示范?

这些问题都需要教师在课堂上根据实际情况灵活处理，千篇一律、完成任务式的示范操作只能降低课堂教学的效率。

编筐编篓，贵在收口。检测评价环节是任务驱动的最后一个环节了，如果掉以轻心，不认真检测学生对知识掌握的程度，即使对上述各个环节都很满意，最终的教学效果可能是不尽如人意的。本着效果为主、形式为辅的原则，必须从多个侧面，采用多种手段来检测教学效果，比如老师口头提问或让学生完成一些练习题，必要时应该把备用的"任务"交给学生，学生独立完成与主任务相似的任务，这样可以更真实地对学生进行检测。

总之，在上述每个驱动环节中都有许多问题值得推敲，在每个"跳转点"处都有许多"何去何从"的问题，希望大家能够共同探讨任务驱动的理性问题，使这种教学模式更加成熟、更加完善。

（二）任务驱动的分段处理

问题由来：学习 Excel 图表对下数据分析能够提供有力的图解方式，而且操作简单、类型齐全，包括柱形图、饼图、曲线图等 14 种图表类型。虽然图表的教学内容很多，但一般教材都把有关图表建立和应用的内容一股脑地安排在一节课中完成。然而，由于学生缺乏统计和财务等方面的知识，他们对"累积效应""超前和滞后""走势"等概念了解不多，在有限的时间内完成这么多的任务，大部分学生都做不到，即使有个别完成了，当老师提问到什么时候用什么图表时也可能张冠李戴。在这种情况下，如果采用分段驱动法会缓解课堂矛盾，减轻学生压力，改善教学效果。

设计思路：当操作难度比较大、完成任务的时间比较长时，可以先把任务分成几个片段，然后依据各个小任务把"示范引导"和"学生实践"也划分成相同的几个片段，必要时也可以把"铺垫基础"分成几段，分配到"示范引导"和"学生实践"当中去，使讲解知识、教师示范和学生操作分段、交替进行，在这个教学环节中构成一个小的循环，这样有利于突破难点，提高课堂效率。如果急于让学生多动手操作，先使自己的示范操作一气呵成，然后逼迫学生争先恐后，结果欲速则不达，学生记住了后面，忘记了前面。

实现过程：教过 Excel 图表的老师都有共同的体会，这部分内容虽然难度不大，但类别繁多，学生即使完成了任务，真正地运用图表来分析数据时往往感觉力不从心。这说明本来应该加大概念学习的力度，但在任务驱动的掩盖下忽略了。这也说明我们设计的任务可能与实际情况还存在一定的差距，可能还是想出来、编出来的假任务，以至于教学与实践严重脱离。通过总结这些问题，我们应该重视对 Excel 图表基本概念的铺垫：一是使任务实际化；二是强调每种图表作用的特殊性，这些就是学习 Excel 图表的关键问题。

理性思考：看到分段进行的任务驱动使联想到工人用撬杠驱动重物的情景。两根撬杠交替插进重物下面，每次使它移动一小段距离。由于物体庞大而沉重，如果想一次动的距离很大，就容易把重物撬翻了，结果是欲速则不达。我们处理任何事物，尤其是教育学生,永远不要忘记"欲速则不达"这个警句。

(三)任务驱动的嵌套形式

问题由来:进入 Power Point 学习的末期阶段,如果采用任务教学模式,必然要把在每单元教学中制作的幻灯片通过多种手段链接在一起,组成一个完整的有分支和返回功能的演示文稿,使得讲演者能够利用超级链接灵活控制被放映的幻灯片。许多老师都把链接对象、链接效果、链接方法作为教学的重点,结果,意想不到的问题却发生在演示文稿的结构设计上。学生操作自己的演示文稿时,有的"迷路"了,无法返回到上一级幻灯片;有的跳进了"陷阱",翻来覆去地放映一张幻灯片;有的无法链接到指定的幻灯片上,种种问题都离不开学生对文稿整体结构了解的欠缺,具体来说是在学习 DOS 的树状目录结构时欠了一笔账,在"知识铺垫"环节中适当补充有关树状目录结构的基础知识是解决这个问题的正确途径。

设计思路:如果能够提前设计好演示文稿的整体结构框图,再清楚地标注每个幻灯片链接下一级幻灯片和返回上一级幻灯片的路径,在具体实现超级链接时就会综观全局、脉络清晰。这不但是一种概念性知识的铺垫,也是思维方式的训练,在"知识铺垫"环节必须"出重拳"突破这个难点。最贴切、最形象、最简单的突破难点的方法是,借喻 DOS 的树状目录结构的概念来辅助幻灯片链接整体布局的设计,这种辅助作用的实现最好也是采用任务驱动教学模式。换句话说,本节课不但在整体上采用了任务驱动教学模式,而且在其中的"基础铺垫"环节中又采用了任务驱动模式来学习树状目录结构方面的知识,实现了任务驱动过程的嵌套进行。

实现过程:本节课的教学过程一共有六个环节,"任务描述"力求清楚,并突出整体结构设计的重要性。"任务分析"一定要提出教学的难点,即如何控制树状结构分布的幻灯片有序地放映。在进入"基础铺垫"环节之前,可以课前调查,或课堂抽查,了解学生掌握相关基础知识的现状,如果普遍存在对树状目录理解欠缺的问题,则必须增加一个"基础铺垫"内层任务驱动的环节。在此环节中,同样可以具有六个完整的教学环节,但是考虑到 DOS 目录的知识没有大的难度,所以可以简化内层驱动中的"基础铺垫"和"检测评价"两个环节,当学生基本掌握了主要知识后,就可以提前回到主任务驱动过程中,继续完成幻灯片链接主任务中的"示范引导""学生实践"和"检测评价"三个教学环节。如果在主驱动教学效果的检测中,发现学生存在一定的操作技术性问题,只需要重复进行"示范引导"和"学生实践"两个环节就可以了。一般情况下,学生都会掌握制作超级链接的概念和技术的,千万不要返回到"基础铺垫"的内层驱动中去,那样是不必要的,时间也不允许。

嵌套式任务驱动教学的关键问题是如何解决内层任务驱动与外层任务驱动在时间花费上的矛盾。形象地说,假如一个运动员在预赛入围之后就马上进入决赛,教练一定会嘱咐运动员科学分配自己的体力，既要保证预赛取得好成绩，又不能过多消耗体力，以便在决赛中有充沛的体力。因为本节课教学的主要任务是制作幻灯片的超级链接，所以一定保证有足够的教学时间。但是，在解决教学难点的基础知识铺垫过程中，要实现内层的任务驱动也需要一定的时间。所以，一定要清楚学生了解 DOS 命令的情况，恰到好处地补足这方面的缺陷，不要纠缠不清，只要理解了 DOS 目录结构的基本特点和注意事项，就可以跳出内层循环圈，进入主流程中，有些还没有彻底解决的概念问题，在实践活动环节中，把握时机再进行统一讲解或个别辅导。这样，基本能够把大量的时间留给主任务的完成，不会在"基础铺垫"这个子任务圈中转来转去，耽误时间。

理性思考：铺垫基础知识和强调牢固掌握基础知识都是教师应该关注的问题。然而最艰难的是界定哪些知识是基础。在计算机教学领域中，似乎打字问题也成为基础知识，表格计算、幻灯片动画也成了基础知识，甚至连"如何上网查找一个新闻报道"也成为基础知识。难怪财务专业的学生要求"统编教材"应该增加 Excel 数据分析的内容，花卉专业的学生建议减少数据库的内容，文秘专业的学生又反映"排版的实例太简单"，真可谓众口难调。但是，从"众口难调"中我们似乎发现了计算机教学"难调"问题产生的原因，是否因为对什么是"计算机应用基础"这个问题没有搞清？不管是给一个人做饭，还是给一千个人做饭，菜、饭的种类不是基础问题，而油、盐、酱、醋永远是烹饪的基础材料。可见，如果我们能够把类似"DOS 的树状目录结构""二进制""字符分类""软件窗口组成"和"图形化语言"等内容作为计算机应用的基础知识，试问，在不同专业之间出现的"众口难调"现象不就会得到相当程度的缓解了吗？

第三节 计算机教学的外部关系设计

一、教法设计改革

虽然教无定法，但无法难教。教学方法是达到教学目标灵活变化的重要因素。是提高课堂教学效率的有效措施。衡量教法是否正确的主要标准是学生满意。及学生是否受益。能否针对不同的学生和不同的教学目标灵活设计和运用教学方法，是衡量教师教学思想和教学水平的有效标准。

（一）借助教法引导学生突破难点

字符虽然是计算机中最常见的东西，但一直被轻视和冷漠，基本没有人把教学重点放在研究字符的作用上。面对这种情况，应该采取设障法，利用陷阱使学生把目光转移到字符上来。接下来采用典型引路的方法，以分节符为切入点进行难点突破，在实际操作中加深对分节符基本概念的理解。

实现过程：下面通过介绍具体的教学过程和体会来体现一种崭新的教法设计思想。为了将注意力转移到特殊字符上来，先让学生通过插入三个分节符将文档内容划分成两部分，然后将上部分分为三栏，将下部分分为两栏，分栏成功后再要求取消分栏，使整个页面恢复原来的样子。接下来的操作使疑点暴露出来了，当进行缩小页边距操作时，竟然出现上面宽、下面窄的奇怪现象。在此关键时刻，教师可以按下"常用"工具栏上的"显示/隐藏编辑标记"按钮，刹那间，分节符的真面目显露出来，原来是一条横贯页面的虚线。就是它们仍然将页面划分为两个"节"，改变页面宽度时当然只是对"本节"起作用了，另外的那个节好似世外桃源。

接下来的问题是：既然已经取消了分栏，为什么分节符还存在呢？疑点引发了学生的兴趣，同时对后续教学的顺利进展起到了积极的牵引作用。怎样解释这个问题呢？不必正面回答，只要举了一个生活中的例子就能够解释原因、说明道理、找到出路。假如在操场上画了三条线，将地面划分为两部分，然后让一部分学生排成三排，让另一部分学生排成四排。试问，当两部分都恢复到原来的一排时，分隔线也自动消失了吗？不必解答，答案自然清楚。但新问题又出现了，怎样彻底取消分节符呢？老师教给了一种可靠的方法，那就是在看见分节符时，把它当作普通字符从文档中删除。学生们通过实践证实了老师的办法是正确的，可是，当他们采用逆向思维，企图通过删除分节符来取消分栏时，竟然发生了"格式侵犯"现象，三栏变成了两栏。

到此为止，不要再赘述种种奇怪现象了，归根结底都是分节符的特殊性质产生的反常现象。关键是如何从中总结出一些道理，其中一个道理就是"解铃还须系铃人"。比如，插入的分节符必须采取"删除"手段来取消。取消两栏必须通过重新将其划分为一栏来解决，删除分节符既徒劳又添乱。还有一个体会是"磨刀不误砍柴工"，在分栏操作之前，把分节符的样子、作用和特点等概念都交代清楚，要善于运用基础知识来解决实际问题，尤其在遇到困难时应该检查一下，看操作是否违背了基本概念和基本原则。最深刻的体会是，基础永远能够起到支撑和提高的作用，只有掌握计算机的应用基础才能跟上计算机飞速发展的速度，逐步具备独立工作的水平。

最后，再将其他特殊符号的样子、作用、特点、操作要点等内容以表格方式展示出来，并经过上机实验，验证教材中一些概念的正确性，并加深对字符基本概念的理解。这部分可以作为教学评价的内容，以读图、填空、连线等形式设计出新颖的检测题，既扩展了对其他特殊字符的普遍了解，又巩固了分节符的特殊概念。

（二）采用研讨法教学的设计过程

Excel 中的单元格地址引用是《计算机应用基础》中比较难理解的内容，同时也是在实际应用中使用概率非常高的一个知识点。学生们虽然已经学习了使用公式计算，但过渡到这节课时总不免显得似懂非懂。首先表现出来的是对单元格地址引用的概念理解起来不习惯，尤其是对"地址"和"引用"两个概念的理解，需要认真对待。接下来的问题更麻烦，如"相对引用""绝对引用""混合引用"等，理解起来确实有些抽象。

为了培养学生的逻辑思维能力和分析问题、解决问题的能力，培养学生运用所学知识解决实际问题的能力，培养学生对新事物的认识和理解，培养学生认真分析问题的态度，必须对如何突破本节课的教学难点，掌握重点问题给予足够的重视。为此，采用研讨法学习单元格地址引用是恰如其分的。

设计思路：目前，大部分多媒体教学软件都是采用控制学生屏幕的方法进行演示的，这常常会导致学生学习的过程突然被打断，破坏了思维的连续性。本节课，教师放弃了多媒体教学演示，而利用引导发现法和探究研讨法进行教学。在学生感知新知时，以演示法、实验法为主；理解新知时，以讲解法为主；形成技能时，以练习法为主。

建构主义学习理论主张要以学生为中心来组织教学，要求学生由被动地听讲变为主动地思考。本着这样的主导思想，由五个主要教学环节组成：观察、实践、归纳、验证、应用。目的是让学生自主参与知识的产生、发展与形成的过程。通过不断提问，激发学生积极思考问题，让学生主动提出疑问，主动回答老师的问题，调动学生的积极性。可以总结为六句话：牵住学生不放手，师生互动齐步走（学习相对引用）；发现厌烦换一招，设置陷阱有成效（学习绝对引用）；循序渐进有繁简，综合问题最后练（学习混合引用）。

实现过程：在课前的准备时间里，提前在计算机中绘制两个相同的 Excel 表格，提供一些原始数据，形成供课堂上使用的"学生成绩表"，并投影到屏幕上。首先，教师以屏幕上的成绩单工作表为例，对学生进行引导，让学生思考怎样求得学生的语文、数学、外语三科总成绩，公式应该怎样写。解决该问题后，可以再提出一个新的问题：如果改变其中某一科的成绩，希望总成绩也能随之变化，应该怎样做呢？这样连续两个提问可以引发学生思考，并进入本节所学内容。然后，又提醒学生注意：在学习使用公式进行数据计算时，使用单元格地址作为参加运算的参数就如同在数学中使用变量 X、Y 一样。比如在"=B3+C3+D3"中 B3、C3、D3 都是单元格地址。如果学生对这样的切入感到突然，此时可以简要地复习单元格地址的有关概念，这样做有助于学生巩固旧知、吸纳新知。

理性思考：我们经常这样形容启发学生自主学习的情景：抱着走不如领着走，领着走不如放开手。有陷阱别忘记多提醒，有岔路要注意多引路。这样一连串的词句足以体现教师在学生自主学习中应该扮演的角色。但是，说起来容易，做起来麻烦，有的学生放下来就趴在地，放开手就摔跟头，设陷阱就掉进去，有岔路就无主意。尽管如此，更需要教师从讲台上走下来，走到学生中间去；教师必须把注意力从"演好主角"转移到"当好导演"上，把课堂的主角让给学生，教师要尽善尽美地为学生自主学习、积极思维、全面发展服务。目前，在许多专业性比较突出的课堂上，教师们认为思维训练、智力开发、知识扩展显得不像文化课那样重要，这是错误的想法。在计算机课堂教学中永远有取之不尽、用之不竭的教育资源，为学生探究式学习提供有力的支持。希望电脑与人脑能够充分沟通、和谐相处，不断开辟无限宽广的计算机课堂教学的创新之路。

二、手段设计改革

教学手段指的是在教学过程中，为了辅助教学利用了除教材、黑板和粉笔等基本教具之外的资源和设备，配合教学任务的完成，这种做法也是一种手段。在多媒体课件成为教学主要手段的若干年之后，人们开始察觉到它给教学带来好处的同时，其负面效应也越来越浮出水面，被广大教师所关注。

但是，我们的态度不是人云亦云、因噎废食，而是希望在制作课件时要因需要而定，运用课件要讲究实效，而不是喧宾夺主、哗众取宠。

（一）传统的教学手段是教学实践的结晶，不能被忽视

往老师准备好的"圈"里面钻，不利于知识由外来变成自主。对于老师来讲，把大部分精力集中在制作课件上，对课件的感染力寄托了过多的期望，以至于课堂上固定的东西太多，从教师或学生头脑中临时激发出来的东西太少，这样不利于学生创新能力的培养，不利于教师教学观念的转变和教学方法的提高。

曾经有一位数学教师花费了很大的精力为数学课制作了一个课件——逐页播放公式的推导过程，在45分钟之内教师和学生的注意力基本上就没有离开过大屏幕。试问，数学是讲出来的？还是看出来的？主要是练出来的。通过教师在黑板上一步一步地推导公式，为学生创造了思维和归纳的机会，课件是做不到这一点的。真正有成效的教学活动是建立在师生互动基础之上的，真正的收获是学生自己总结出来的。但是，当抽象的问题难以用文字和语言描述清楚时，当危险的场景难以到现场体验时，当物质内部微小的变化不能用肉眼看到时，制作一个短小精悍的课件来弥补，这才是多媒体教学辅助课件应该发挥的作用。

（二）开发仿真教学软件的启示

例：计算机组装与维修的仿真软件（开发有实效的教学课件）。

问题由来：计算机组装与维修专业上实训课最挠头的就是实验环境、设备和原材料，既需要具备真实性，还需要一定的资金投入。比如，每次查找硬件故障时，都会有器件被不同程度地损坏，这个问题成为该专业上实训课的老大难问题，另外，每一次上维修实训课之前，教师都需要长时间地在机房中，人为设置各种上课需要的故障。这些问题长期困扰着上课的专业教师，当然也包括笔者在内。接触到Authorware软件之后，发现这个软件的最大特点是交互性强，它强大的计算功能为仿真维修的真实环境，模拟人类的思维过

程，制作出与实际情况相贴近的"计算机组装与维修"教学软件创造了先决条件。为此，开始做思想、技术和资源方面的准备，一旦时机成熟，马上进入软件的研究与制作过程。

设计思路：在着手设计软件的前一个多月，开始构思，确定了组装与维修的主要对象包括主板、CPU、内存和显示器等。整体方案成熟后，软件的设计工作也就进入了实质性的、艰难的阶段研制过程。下面，以CPU的安装和维修实验过程为例，说明设计的思路和解决困难的具体办法，使人产生犹豫的问题是采用图片来表示操作过程，还是采用视频来反映操作过程呢？为了提高软件对教学辅助的实效性，也确实想走一条崭新的课件开发之路，毅然选择了后者，当然，困难就接踵而至了。

采用动态模拟的方案比较新颖而且又能提高真实性，可以先拍摄一些关键操作的录像，然后再从录像中截取有用的视频片段，为了充分发挥多媒体在仿真、模拟过程中的作用，软件应该加入适量的文字与声音提示。

三、环境设计改革

计算机教学与其他传统学科教学有明显的差别，那就是教学环境中教学效果的影响至关重要。比如，在学习因特网上网操作时，没有可以上网的环境可谓纸上谈兵；学习计算机组装时，如果没有准备好各种配件，可谓无米之炊，给计算机教师提出的问题不应是求全责备，而是应该自力更生，创造实验条件，优化教学环境。

（一）真实的环境能够学到实用的知识

计算机教学环境是与教学效果密切相关的问题。比如软件平台的选择、网络环境的利用、教学评价系统的建立、硬件运行的可靠性、模拟教学环境的创立等，都是教学环境设计的主要组成部分，应该认真对待。作为计算机教师，如果不能充分利用计算机及网络提供给教学的便利，那真是一种遗憾。

当学生在不上网的情况下进行发送邮件的操作时，虽然不能将信息发送到因特网上去，但邮件的内容每次都被保存在指定的内存区域中。由于内存的地址是已知的，所以，要想获得一台计算机中刚发出来的邮件内容是不困难的。困难就出在第二个问题上，当两台计算机互相收发邮件时，谁来充当"鸿雁捎书"的角色呢？由于机房具备了局域网环境，只要能够编写一个针对机房运行的"网络信息服务程序"就能够依托网络线路把数据传来传去。想到这里，难题似乎解决了，但更大的困难是如何让这只"鸿雁"在机房内所有的计算机之间飞来飞去，及时找到邮件信息，并准确地传送到需要的地方。看来，研究一个能够传送邮件信息的软件势在必行。

实现过程：这个用汇编语言编写的程序具有四大功能，由若干个子程序和一个调度主程序组成，分别完成截取、检查、接收、发送等网络信息操作任务，研究分为四个阶段。首先，必须找到那个存放邮件信息的固定内存地址，采取的方法是"投石问井"先进入"写邮件"的窗口，简单地写一句话，比如"你在哪里啊？"，然后将这个邮件随便发送到一个其他邮箱中。接下来的工作是"找石头"，就是在无边无际的内存中找到刚才发送出去的"你在哪里啊？"。石头找到了，井也就找到了，这个"井"就是存放邮件的固定的内存地址，如果想查找磁盘文件中的某个关键字可以执行Windows"开始"菜单的"搜索"命令，但现在是打算在内存中搜索，这个命令望尘莫及，唯一有效的方案是执行计算机内部命令"Debug"进入编辑汇编语言的环境中。如果手工从头至尾地查找"你在哪里啊？"这个字符串的十六进制代码，那真就是"大海捞针"了。幸运的是，"Debug"这个小巧玲珑的工具软件提前为用户准备了查找命令让人（首地址末地址"被查找的字符串"），弹指一挥间就找到了"你在哪里啊？"。记录下这个内存地址以后，再反复实验几次，没有发现地址有丝毫的改变，第一项实验得到了满意的结果。

经过第一阶段的研究可以得出这样一个结论：邮件的全部信息以一个"邮件字符串"的方式固定存储在一个内存区域中，只要能够不断地检测这个区域中的内容是否更新了，就会发现是否有邮件来到计算机中了。下一步的工作更艰难了，分析新邮件的信息由几部分组成，这个长字符串应该被划分为几段，每段的含义是什么，这些都是必须认真研究的问题。可喜的是，邮件的内容一字不差地夹杂在这个"邮件字符串"的中间，前头有一些莫名其妙的编码，后面也是一些读不懂的信息。看来，只要能够读懂前后两部分代码的含义，问题的难点就被突破了。经过反复实验发现，前面的代码正是本次发送或接收邮件的特征字，记录了邮件发送的时间、接收邮箱的地址、邮件的长度、邮件的类别（发出的还是接收的）等。这些信息为编制前面所说到的"网络信息服务软件"提供了必需的依据。结尾的代码比较简单，它起到一堵墙的作用，把这段珍贵的信息与后面杂乱的数据隔离开来。

服务对象的"体貌特征"清楚了，就可以为这个对象量身定做服务软件了。这个软件的程序部分由主程序和三个子程序组成，这里主要介绍主程序的工作过程，程序是在局域网上循环运行的，它不知疲倦地按照一定的日期巡回检测每一台学生机，为传递网络信息服务，服务的内容有三项。首先，巡回检测每台机器中那个"邮件字符串"的"发送时间"字段，判断是否有新邮件出现。如果发现读出的时间比上次保存的时间晚了，说明这个邮件是新的，则应该继续判断是发送出去的邮件还是接收到的邮件，如果是后者，还需要继续判断"接收邮箱的地址"与本机的地址是否吻合。如果一致，邮件就是发送给这台机器的，必须马上调用"声音报警"子程序，还可以调用"显示小信封"子程序，以图、音并举的方式提醒用户注意：有新邮件来了！如果是发送出去的邮件就可以不予理睬，等到循环到邮件应该送到的那台机器时再做处理。可能有人要问，机房内的每台机器都有自己的邮箱地址吗？这是一个比较关键的问题。为了给"网络信息服务软件"提供检测、判断的方便，重新给每台计算机赋予了一个独一无二的邮箱地址（在机房范围内），邮箱的用户名部分用二进制表示，一直到最后一台机器。检测子程序检测到这样的字符串后很容易分离出机器的代码信息，为传送信息提供了目标地址。

下一步工作是编写在机房内的所有计算机之间传输信息的"数据传输"子程序，它的任务是把发送邮件机器中的"邮件字符串"全部信息读到教师机中来，并保存在指定的"课堂练习评测"区域中，以便教师对每个学生的训练效果进行检测，也为评价每个学生的课堂练习成绩提供可靠依据。接下来，"数据传输"子程序要完成自己的主要任务，就是把这个新的邮件信息准确无误地送给"收信人"。这段程序是用 Pascal 语言编写的，也需要从每台计算机开机后在服务器中产生的注册码中提取目标机器的地址代码，以此作为投信的目标，把邮件及时投放到目的地。

还有两个子程序，一个子程序的功能是"声音报警"，另一个子程序的功能是"画小信封"，它们是为了同一个目标而诞生的，那就是当主程序发现某台学生机中有新邮件到来时，需要通过声光显示来向用户报告，以便及时接收新邮件。这两个子程序的工作过程比较简单，在这里省略对这种分内容的介绍。

理性思考：该软件能够在机房内模拟电子邮件收发，实现了"电子邮件接收和发送"的仿真教学，以假乱真的学习环境让学生们惊喜不已，学习效果明显改善，为提前开展因特网操作教学创造了条件。后来该项目被评为北京市教育教学成果二等奖。然而，在是否应该编写这种教学案例的问题上，也听到了许多不同的意见。有的人说编写仿真软件不是每个教师都能够做到的，有人说教学环境问题应该由学校负责，教师只要备好课、讲好课就是尽到责任了。先抛开"近水楼台"问题不说，只谈计算机教师专业技术的提高问题，每位教师都应该关注计算机的优化、网络的畅通问题。计算机学科的课堂教学设计不只限于对教育学的研究，也不只是要与常规的教育资源打交道，它还有一个特殊的问题，就是在设计的过程中要不失时机地应用老技术、学习新技术，这个问题在"设计教师"章节中已经涉及，在本书即将结束的"设计环境"中又一次提出，可见，计算机教师提高专业技术水平与提高课堂教学效率的关系非同小可，希望读者看完这个章节后能够提高这方面的认识。计算机教师还应该有研究意识，针对自己教学中的需求，研制一些仿真软件，改进一下机房环境，积累一些管理经验，编写一些实训教材，从单一的讲课、训练中跳出来，广泛学习一些新技术，提高自己的专业技术水平，充分发挥计算机及网络在计算机教学中的积极作用，才能使教学水平产生跨越式发展。

（二）创造和谐的气氛能够加强合作学习

问题由来：因特网之所以备受青睐，很大程度取决于网页和超级链接的设计质量，为了贯彻以学生为主体的教学思想，尽量体现课程特色，顺利攻克教学难点，在学习因特网的超级链接时，必须设计出与其相匹配的整体教学方案，才能提高教学效率。由于因特网采用树状分支结构，就像一个层次分明的大家族，如果把一班学生也按照"树状"来分组，就可能实现分工合作的教学氛围，有利于加强学生之间的合作，提高教学效率。基于这样的想法，设计了一节"制作因特网超级链接"的课，后来作为市级公开课在同行之间进行交流，引领了教师们在计算机课堂上开展能力培养的新思路。

设计思路：本节课是在《计算机应用基础》教材"网络应用基础"内容的基础之上，丰富了一些具体内容形成的一节简单的网页制作课，目的并不是教给学生如何制作网页，而在于通过学习制作网页的超级链接，把网络的结构组成特点、信息流动规则以及需要注意的问题灌输到学生的脑海之中，使学生初次接触信息网络知识就对其发生浓厚的兴趣，并形成宏观的认识。还有一个重要的目的，那就是在课堂教学中培养学生与人合作的能力。在 90 分钟的教学过程中，学生们将学习如何利用 HTML 语言编写超级链接程序，通过超级链接，将多媒体信息链接成网，通过超级链接将学过的知识连接在一起。网页信息大都是超文本的多媒体信息，为此，让学生们在课前分组行动，收集本校历届技能比武优秀作品作为网页的链接对象，以赞美校园生活为主题，烘托中学生纯洁向上的心灵为背景，为在课堂上制作出具有个性化、有集体观念的网页提供资源条件。

实现过程：为了突出合作学习的气氛，把一班学生分为四组，制作的网页包括绘画与摄影、歌曲与音乐、书法与小报、体操与队列等多媒体信息。各自编写具有三级超级链接功能的网页程序，实现对指定网页信息的查询与链接。然后，每组确定一名代表，负责制作本组的主题，将组内其他同学制作的网页链接在一起。教师把四个组的主页链接在自己制作的"校园生活"主页上，以构成一个具有四级超级链接的小网站。实现这样的链接之后，展现在学生们面前的是全班通力合作的成果，既评说了学生作业的优劣，又验证了超级链接的超级功能。同时，集体的力量、校园的风情、艺术的魅力都在计算机实验课上得到展示。为突出"超级链接"这个主题，仍然把小结中提及的优秀作品和典型错误通过网页和超级链接来展示，使学生们又一次受到了启发，拓宽了思维方式。

导入新课是一节课的序曲，效果如何直接关系到后续的各个环节是否能够顺利进行。还是为了突出合作学习的氛围，把导入环节交给学生来操作。本课的引导过程分三段进行：第一步，提问 DOS 相对路径的概念和插入图片语句的格式。由于本节课将涉及大量已学过的计算机基础知识，这些知识能够起到良好的承上启下作用，所以，提问 DOS 的目录结构等问题仍然不能忽略。但改变了以往老师问、学生答的老套路，而是让小组之间先讨论，提出疑问，然后让其他组来回答。这样生生互动的探讨方式增加了小组的凝聚力，也增加了各组之间的交流和互通有无；第二步，通过动画演示，把老师画的有错误的网页链接图展示给学生，让他们给老师挑毛病，目的在于强调在网页之间安放超级链接的原则和必要性；第三步，利用 IE6.0 网络浏览器演示教师事先制作的校园生活因特网主页，使学生对因特网和超级链接先有一个感性认识，并让学生对这样的网页结构评头论足，归纳总结出它的优点和不足，为下面的学习打下基础。

本节课是在多媒体机房进行的，利用 Power Point 幻灯片播放软件来演示并解说教学课件，利用多媒体的特殊效果来刺激学生的感官系统，可以提高教学效果。鉴于合作学习的特点，在教学中遵循这样一些原则与方法：讲述难点问题时注重发动学生思考，安排教学内容时注重深入浅出，处理教与学关系时注重学生合作讨论，协调课堂进度时注重发挥小组组员的"尖子"作用。

　　理性思考：在新世纪到来之际，教育将面临经济与知识的双重挑战，学生们面临的是知识经济、信息时代，计算机网络将成为信息时代的核心技术。如果把因特网比作一本百科全书，那么，一个网页就是一页知识，超级链接充当了这本巨著的目录和索引。通过超级链接指出的航向，学生们可以在知识的海洋中遨游；通过超级链接搭成的金桥，学生们可以在经济的大潮中跨越。

　　在全面提高素质方面，应该注重培养学生与人合作的能力。网络是一个大家庭，只有每一个网页在尽善尽美地发挥自己的功能的同时，又与邻近网页保持恰当的链接，才能构造一个功能强大的网络系统。同样，我们要求每一个学生既要按要求制作自己的网页，又要为别人创造链接的条件，要注重培养与人合作的能力，这种能力是21世纪人才需求的主要标准之一。另一方面，让学生增强敢为人杰的魄力。每组的小组长应该具有一定的组织、协调能力和拼搏精神，因为他们的编程工作量显然要大于其他同学，对于敢承担此任的学生来说，这显然是对自信心的挑战。

　　综上所述，无论是文科还是理科，网络课都应该作为职业学校的重要课程设置，而"制作因特网的超级链接"一课必定是重中之重。在制作超级链接的过程中，学生们不但能学到网络知识，还增强了讨论研究的合作意识；不但完成了计算机教学内容，还是对其他学科知识的应用与巩固；不但品味到自己制作的网页的内容与风格，还欣赏到网上非常丰富的文学、艺术、音乐等作品，从而促进了学生综合素质的全面提高。

·124·

第七章 计算机教学创新模式

第一节 微课资源概述

当人类步入 21 世纪的第二个十年,"微潮流"开始兴起于网络,微博、微信、微视频大行其道。这是网络技术与现代生活方式不断调适的结果。在教育领域,基于对微视频作用的深刻认知,可汗学院以精练简洁的小视频重新表达基础教育中科学类课程的关键知识点,使视频教学的魅力再现。同样引入注目的是,深悉短小视频与名人讲演结合传播优势的 TED 讲座,以 18 分钟为上限,让技术、娱乐、艺术等热门领域的名人的精彩演讲风靡世界。多媒体时代,微课教学模式成为网络时代媒体创新的典范。

微课是指为使学习者自主学习获得最佳效果,经过精心的信息化教学设计,以流媒体形式展示的围绕某个知识点或教学环节开展的简短、完整的教学活动。后又经过完善将定义改为:微课是以微型教学视频为载体,针对某个学科知识点(如重点、难点、疑点、考点等)或教学环节(如学习活动、主题、实验、任务等)而设计开发的一种情景化、支持多种学习方式的新型在线网络视频课程。

一、微课资源的现状

随着教育工作者对更加主动的学习环境的追求,越来越多的在线课程和面对面教学尝试着进行各种形式的变革。从这个意义上讲,微课程作为一种大胆而积极的尝试,的确具有较大的发展潜力,尤其是在在线教学以及面对面课堂教学中作为课程教学的组件和资源来使用。因为这样的微课程让学生有了更大的自主权和拥有感,微课程的开放性及后续补充与开发的潜力也为教学应用带来了巨大的灵活性。

二、微课的开发

微课相对视频公开课、精品资源共享课、网络课程来讲,视频长度短,注重细分知识点的完整性。如今,在国内微课刚刚发展且存在着不同的认识,微课作品的表现形式就会有多种多样的形态。为了能更加深入地推广微课的开发技术，更好地体现微课的特征，掌握与微课相关的学习理论、传播理论、教学设计与开发流程就很有必要。了解优秀微课的特征，解决微课教学设计制作过程中的各类问题，对于开发高质量的微课具有很强的实际意义。

（一）微课的开发流程设计

微课的开发流程包括微课选题、教学设计、课件的制作（搜索资料、文本图片、视频、音频、动画等资源）、视频录制（PPT 的播放讲解、录屏软件的录制、视频的拍摄等）、后期加工（视频剪辑、特效制作、字幕添加等）、视频输出等环节。

1. 微课选题

微课的选题要切合实际，最好是教学重点、难点和关键点。为知识点取一个响亮的名字(最好是问题)，就能很直观地表达出制作的微课想要讲解的内容。例如，近因原则是"汽车保险与理赔"课程的重点内容，其中近因原则的判断是难点内容，所以，可以将这个难点内容作为选题。为此，可以将微课的名字叫作："汽车保险赔不赔？近因原则告诉你！"

2. 教学设计

教学设计包括确定教学设计思路、确定教学目标与重难点、教学过程设计，当然，撰写脚本的开发路线不同，脚本撰写的方法也不同。

（1）教学设计思路

以"汽车保险赔不赔？近因原则告诉你！"为例，讲述教学设计思路。本课采用基于问题的教学模式，为激发学生的学习兴趣，通过视频案例，采用"提出问题—分析问题—解决问题"的教学思路，教学过程注重学生自主分析问题能力的培养。

首先，通过视频，引出问题，"暴雨"—"车被浸泡"—"启动发动机"—"汽车损坏"—"保险公司赔不赔"。其次，通过讲授，学习近因原则中重要知识点近因的判断。掌握近因的判断方法，分四种情况介绍，每种情况都以一个案例进行解释，最后一种情况以"车被浸泡"(视频引入)为例，首尾呼应，引导学生运用近因原则进行分析，揭晓答案。最后，通过典型案例，强化近因判断的应用效果，引导学生运用近因判断方法自己分析案例，实现学以致用。

（2）教学目标与重难点

微课的制作首先要了解本节微课设计的教学目标是什么，侧重于哪个知识点。在明确教学目标的同时，也要指出知识点中的教学重难点，教师要进行重点讲解，培养学生理解和应用的能力。

（3）教学过程设计

教学过程分为问题引入、概念学习、核心知识学习、概念界定、解决问题、新案例拓展、案例分析与解决、知识总结等。

问题导入的设计是为了激发学生对学习知识点的兴趣，在一个微课视频中占用 40～60秒，常用的教学方法是引导启发法。概念学习是对该节微课中讲解的知识点的概念进行理解，知识点概念不同，讲解的时间也不尽相同，通常为 2～3 分钟。核心知识学习是指本节微课重点要讲授的知识点，当然，微课中的核心知识有可能是一个，也有可能是多个，所以，这也是微课设计的核心问题。核心知识学习常用的教学方法是案例演示法和归纳分析法。知识总结是对本节微课所讲授的知识点进行总结，重点强调知识点的解决思路和方法。

3. 课件的制作

课件的制作主要分为课件模板的制作、Flash 动画的制作、PPT 动画的制作等。开发课件之前，首先确定使用哪些素材，具体包括文字、图形、动画制作、视频等，是使用搜索引擎(百度、谷歌、搜狗)搜索，还是自主开发。微课需要的动画制作，可以网络下载，也可以自己使用 Flash 或其他软件进行制作。

4. 视频录制

视频的录制方式主要包括以下三种方式：

(1) 视频拍摄工具拍摄

通过 DV、摄像机、智能手机、网络摄像头、数码相机等一切具有摄像功能的设备进行拍摄。当然，有条件的学校也可以采用专业的录播教室进行拍摄。通过这些设备对教师及讲解的内容教学过程进行全程记录拍摄，这样，真实的教学情境能给人以亲切感。使用视频拍摄工具拍摄可以使情境真实，充分展示教师的教学水平与能力，但是，这也使微课的制作成本增加，有些拍摄工具还须系统学习，不利于大部分教师使用。在视频拍摄完成后，视频后期编辑工作量大，这些缺点仍须克服。

(2) 录屏软件录制

在教师自己的计算机上安装录屏软件进行录制，如 Camtasia Studio 录屏软件，结合 PPT 与其他软件或者工具呈现教学过程。使用录屏软件成本低，只须下载安装即可，人人都可操作，但需要在 PPT 的制作和微资源的收集与制作上下功夫，才能制作出高质量的微课。

(3) 混合式录制

运用实拍式、录屏式合成等多种方式的整合，最终的视频既有拍摄，也有录屏，还有软件开发的各种资源等。也可以采用软件与硬件一体专业级录播或者演播系统。这种方式形式多元、教学主线清晰、信息量大、质量高，具有很好的交互性、学习性和观赏性，是高质量微课的首选方案。但这种方式制作时需要专业的设备与软件，需要专业人员进行拍摄与后期编辑，制作成本高，花费精力大，在脚本设计时需要更加细致。

5. 后期加工

最后进行视频的整合处理，软件主要用到 Flash、Photoshop、QQ 影音、美图秀秀、GIF Animator、电子杂志、会声会影、Camtasia Studio 等。专业级非编软件可以使用 Premiere、Vegas、Canopus Edius 等，也可以使用 After Effects 进行后期特效合成。

专业的后期加工包括三部分。首先，组接镜头，也就是平时所说的剪辑，具体来讲，就是将电影或者电视里面单独的画面有逻辑、有构思、有意识、有创意和有规律地连贯在一起，形成镜头组接。一部好的微课是由许多镜头合乎逻辑地、有节奏地组接在一起的，从而阐释或叙述某件事情的发生和发展的技巧。当然，在电影和电视的组接过程当中还有很多专业的术语，如"电影蒙太奇手法"，动接动、静接静、声画统一画面组接的一般规律等。其次，特效的制作，如镜头的特殊转场效果、淡入淡出以及圈出圈入等，还包括动画以及 3D 特殊效果的使用。最后，声音的出现和立体声的出现，进入视频以后，还应该考虑后期的声音制作问题，包括后来电影理论中出现的垂直蒙太奇等。

制作者可以进行简单的后期处理，具体包括组接镜头、转场处理、字幕添加等。

6. 视频输出

微课通过录播系统录制后，又使用视频编辑软件进行剪辑，最后通过 Camtasia Studio 添加字幕。需要注意的是：第一，在录播系统的使用中，应注意教师在场景中出现的频率与时间的长短，区分微课与常规课堂；第二，在微课的 PPT 或者动画中，尽量保证是动态的，回避长时间静态帧的出现。

7. 微课开发团队的组建

微课开发的核心应当说是主持老师的创意，就是将知识进行数字化的重构。如果要构建系列微课或者构建微课程，则需要进行系统化考虑，即如何整合微课与相关的资源包，使用什么平台，以及如何更新与动态管理等。

开发团队主要包括三类人员：课程策划与教学团队、技术实现团队、界面设计团队。课程策划与教学团队主要包括主持教师、主讲教师、教学策划与设计者等，体现教学设计的心智模式，他们是微课的核心；技术实现团队包括媒体元素设计、编导、摄像、软件技术、影视编辑等技术人员，他们是实现设计的核心；界面设计团队包括 PPT 制作与美工等人员，他们是微课视觉呈现美观规范的核心。

（二）微课开发的注意事项

微课最后是以视频的形式展现的，通常需要注意以下几方面的内容：

1. 声音清晰

从微课的主要元素（即教师与教学内容）来讲，优秀的微课在"教师声音的清晰度与感染力""教师体态的语言丰富性、恰当性""教育内容的清晰完整性""整体教学效果"方面都较好。其中，教师的声音是否清晰且具有感染力，不仅与教师本身有关，也与录制的环境有关。在体态语言方面，教师不必过于拘谨，但也不要过于懒散。

2. 教学内容的呈现画面清晰

在教学内容的呈现方面，优秀的微课能够清晰地呈现教师所讲的教学内容，如PPT、动画、视频、教师的操作演示等。整体教学效果则是在前几个要素的基础上体现出来的。

此外，混合录制的方式比摄像机录制的整体效果要好，全部添加字幕比添加部分字幕或者没有字幕的整体效果要好。字幕能够保证在嘈杂的环境（如公交车、地铁等）里也能顺利浏览视频，同时字幕还能够补充微课程不容易说清楚的内容。

3. 片头设计简洁清晰

从视频的设计与录制的角度来讲，优秀的微课在"片头设计""背景声音的纯净度""镜头组接的逻辑性"方面都较好。其中，片头具有"第一印象"的作用，优秀微课的片头大都较为简洁美观。背景声音效果较为嘈杂，如汽车、鸣笛声、教室的回音，会影响教学内容的传播质量，因此优秀的微课在背景声音方面较为纯净。

4. 镜头组接的逻辑性好

镜头组接的逻辑性也是整个微课教学内容逻辑性的一个重要影响因素。比如，根据教师的教学流程，画面中应该出现的是教学内容，那么当前画面就应该展示相应的教学内容，而非停留在教师讲授的画面。

5. 混合式录制

在众多微课的形式中混合式录制的视频质量相对较高，可以多次使用。

（三）微课教学设须避免的问题

从教学设计的角度，针对微课选题、表现形式、教学逻辑、微课定位及教学表达等方面，需要避免出现如下问题：

1. 命题不得当

微课选题是微课开发的第一步，是从总体上考虑微课"做什么""为什么做"的问题。"做什么"就是要通过对教学内容和学习对象的分析，确定微课教学内容的侧重点；"为什么做"就是要考虑微课的应用模式，在此基础上确定微课的题目。

在微课命名方面，最好不要以课程名字作为微课的名字，如"法律基础""思想道德""体育"这些主题所包含的内容都太大，不可能在 15 分钟内将内容全部讲述清楚，因此很容易导致标题与内容偏离，造成题大而内容少的情况。

在内容选取上，不能在 15～20 分钟内谈及多个知识点。并且教学方法单调、平铺直叙，很难将众多的知识展示清楚，也很难保持学习者的学习兴趣与注意力。

另外，针对一些概念与理论性的陈述也不建议制作微课。这些概念本身并不是能引起学生认知冲突的内容，教学过程中也没有对概念之间的关系进行辨析，这些教学内容与其做成微课，倒不如让学生看书、查文献，这样学生可能收获得更多。有些知识点并非重点、难点或疑点，内容一般也没有必要制作成微课。

微课选题不仅要"小而精"，还要"微而全"。这里的"全"并不是指教师需要在单一的微课里把知识点的前世今生说得一清二楚，而是指微课的内容也要自成体系，教学过程完整、逻辑性强，符合学习认知的规律，不宜跨越教学步骤，以免学习者产生思维跳跃，影响对知识点的完整理解，也就是所谓的"麻雀虽小，五脏俱全"。

2. 表现形式单一

在学校教师所做的微课中，有部分理论性的教学内容的表现形式主要采用了文字配以教师的讲解，而非用一些相关的图片、视频、音频、动画或者对操作的演示来辅助教学。这些内容本身是较为枯燥的，如果能用多样化的媒体形式展现来加深学习者对其的理解，将有利于提升学生观看视频的兴趣与教学效果。教学内容表现形式是否恰当，也是微课成败的一个重要因素。尤其是在微课中如何使用多媒体元素十分重要。

3. 教学逻辑含糊

除了要丰富教学内容的表现形式以外，教学内容的逻辑性也非常重要。如果微课在教学内容的组织与表达方面逻辑性差，将导致学习者在学习完毕不知其教学的主线是什么，主要想讲授、解决的重点是什么，媒体素材的组织与教学内容之间的关系是什么。例如，在讲解过程中，对于主要的内容没有在视频中清晰地呈现；讲到另一个知识点时，没有明确的语言说明与前一个知识点的关系以及本知识点的主题，并配以相应的语调加以强调；在利用媒体素材来引入、补充说明教学内容、案例分析时，没有加入过渡性的话语，或者缺少对于这个视频的简单介绍，或者未解释在观看视频时的学习活动安排。最终导致给观看者的感觉就是一堆视频素材的简单罗列。

因此，建议教师在利用多媒体素材时，要先简单地引入、说明素材，并对学生的学习活动进行指导；或者在一个视频演示完毕，配以教师的讲解。在整个教学过程中，也要注意通过讲授的语音语调、PPT 中重点内容的标注、字幕等方式突出所讲的重点与主线。

4. 定位错误

微课作品不是面授，一般不需要有学生集体站起来向老师问好。还有的错将微课当作"说课"，展示并解说整堂课的教学阶段。微课虽然时间较短，但是必要的教学环节还是不可或缺的。其中，微课的引入就非常重要，它是能否吸引学习者进行学习与思考的一个重要环节。一节微课的引入方式有很多种，通常采用动画引入、开门见山、游戏引入等。

5. 教学平铺直叙

教学策略是否运用恰当决定了一节微课的整体教学效果。实践证明，有效的教学策略能提升学生的学习兴趣；而教学过程平铺直叙，课堂学习氛围沉闷，缺少案例，没有起伏与高潮，将难以吸引学生。

6. 教学表达欠佳

教学表达是教师利用口语和肢体语言将教学内容传达给学生的过程。教学表达内容是否准确、方式是否恰当、形式是否具有艺术性，直接影响到教学内容的传播。

（四）微课开发策略

微课资源的建设要采用多种方式、多种途径，要吸引不同角色的人群参与，而且已建设好的微课资源应该采取开发的资源权限，允许不同的学习者和教师对其进行编辑、再生和更新。具体来说，可以从如下几个方面进行：

1. 多种方式开发微课资源

微课资源开发，可以采取"加工改造原有的课堂教学视频录像""重新选择教学内容，采用摄像机、手机等工具重新拍摄""使用录屏软件录制（如 Camtasia Studio）""使用PPT、Flash 等软件工具合成""可汗学院的微课录制模式（配备手写板）"等多种途径。不同的方式有不同的资源开发特色，在丰富微课资源的同时，也增加了微课特色和类型。

2. 采取征集评审式和专业拍摄式相结合的策略

征集评审式是指教育行政单位（如学校、教育局等）定期开展微课竞赛、活动等，从基层中小学教师中征集微课作品到微课资源库平台。这种方式的优势是征集的微课资源数量较多，涉及教师和学科的面较广，但存在制作质量不高、微课资源不成体系等问题。为了制作一批精品优质示范课，教育行政单位可以以项目的形式外包，聘请视频拍摄制作公司和教育教学专家，从全市范围内挑选各年级各学科的名教师、学科骨干教师到专业演播室拍摄，专业公司对教师微课的设计、资源准备、现场拍摄、后期加工、共享发布等环节，进行专业指导和操作。为鼓励名师积极拍摄，教育行政单位可以为拍摄教师提供继续教育学时学分，免费赠送自己教学的精美 DVD 光盘，并对所拍摄的微课进行评比评奖，提高教师的积极性。

3. 开放微课的编辑权限

已经建设好的微课资源应该采取开放的资源权限，允许世界各地不同的学习者和教师对其进行编辑、再生和更新，当然为了不造成微课资源的混乱，每次编辑之后均需要管理者或者是资源的所有者去确认。百度百科采用的就是这种资源更新模式，效果良好。在教育领域，美国的 TED 课程就将视频、字幕、交互式问答系统融为一体，允许世界各地的教师与学生都能自由编辑视频，得到了学习者和资源建设者的一致认同。

三、微课教学资源的整合

伴随终身学习的理念日益深入人心，学习化社会的日趋蓬勃发展，加之信息化社会的日新月异，现代课程的学习生命的存在及其活动的本质逐步显露出来了，作为新的课程形态的学习化课程（Curriculum for Learning）也逐步被孕育。这种学习化课程的实质是一种新型的整合课程形态，它是围绕课程的学习生命的存在及其优化活动的本质，不断超越已有的信息化微课，追求信息通信技术与课程开发的双向整合。为此，微课的整合模式逐渐生成和发展起来。

（一）国外微课的资源整合

国外微课程应用平台的内容呈现形式纷繁多样，如卡通动画、现场演示、录屏讲课、真人演讲等，课程面向不同专业和年龄的学习者，时间一般为 5 分钟，并配有相应的字幕，方便不同国家的学习者学习。在国外，最具代表性的微课程应用平台是可汗学院和 TED。

可汗学院网站为学习者提供的微课程包括数学、科学、金融学、人文科学、计算机编程、医学和实验等，其内容主要以电子黑板和教师旁白相结合的形式讲授，通常以专题的形式呈现，没有过多的导入，直接进入主题。可汗学院网站还根据不同学科设有相应的功能满足学习者的学习需要。例如，在计算机编程中，学习者除了学习基本的理论知识，还可以在线编程、新建项目、创建程序、运行项目等。

TED 网站的微课程包含更多领域，分别有艺术、设计、文学、数学、哲学、科学、金融、心理学、教育、社会学和人体健康等主题和系列。内容主要以卡通动画或现场演讲的形式呈现。视频配有知识介绍和作者介绍，并被翻译成不同语言，方便更多地区的学习者使用。网站界面颜色搭配合理、内容精练扼要、知识点明确。

国外的微课程应用平台除了能播放微课程，还配有比较完善的学习支持服务，而且各具特色。

可汗学院为学习者提供的学习服务包括知识地图、自定学习计划、数据分析和在线测试。知识地图将专题知识点以地图的形式连接起来，学习者可以根据知识地图的提示由浅层次向深层次递进学习。知识地图的存在一方面避免了因知识点的碎片化导致的学习迷航，为学习者指明了学习路径；另一方面明确指出学习知识点所需的必备技能，为学习者指明了学习任务。可汗学院为学习者提供的第二个特色功能就是在线测试。界面内容包括成绩区、作答区和帮助区，成绩区记录学习者的正确次数或积分，当学习者作答遇到困难时，可以在帮助区寻求帮助。可汗学院网站记录了学习者的测试情况并进行数据统计，将数据结果以可视化图表反馈给学习者，并根据测试结果颁发对应的"勋章"。学习者可以通过测试结果选择重新学习微课程，教师也可以查看测试数据，掌握学生的学习情况。除此之外，可汗学院网站还为学习者提供了指导和讨论服务。学习者可以在个人页面中将其他用户设置为自己的教练，学习者还可以就学习当中遇到的问题在视频播放页面发起讨论。

TED 为学习者提供的学习支持服务包括即时练习、深入挖掘、讨论、分享最有特色的个性化订制。TED 网站的个性化订制功能契合翻转课堂的教学思想。允许学习者从自身应用需求出发，修改微课程的名称、课程概况、在线配套资源等内容。把自己订制的课程页面发给朋友或学生，这样学习者就成为讲课者和动画设计师之外的第三贡献者。事实上，用户不仅仅可以订制任何一个在线的视频，还可以订制任何一个上传的视频。个性化订制课程功能使学习者不仅是课程的受益者，也是课程的贡献者。

（二）国内微课的资源整合

国内微课应用平台开始于各种微课程比赛。如佛山市教育局启动的首届中小学新课程"微课"征集评审活动、教育部教育管理信息中心主办开展的中国微课大赛，这些平台中的微课程主要利用录播设备、电子白板等多媒体的教师讲授或课堂实录片段。目前，我国的微课程平台针对用户为基础教育中小学群体。

中国微课网通过组织比赛的形式向全国各省、市、自治区的中小学教师征集作品，内容包含语文、数学、英语、物理、化学等基础学科领域，讲授时间被控制在 10～15 分钟，微课程内容主要是以中小学课程为教学内容的传统课堂实录，除此之外还包括教师结合课件的讲解、教学设计、教学素材等资源。

中国微课网的功能偏向于教师专业发展，为教师提供了微课制作交流区，通过评比的方式提高教师制作微课程的水平。为学生提供的学习支持服务有评论、问答、分享、收藏。整体来讲，中国微课网适合于教师群体，不适合学生使用，对学生的自主学习支持服务远远不够。

学习者可以根据自己的兴趣新建群组，可以加入其他的群组，在同一群组中，组员可以交流讨论、分享图片和视频。群组功能可以有效弥补自主学习中团队协作能力训练的缺憾，有助于提高学习者主动参与学习的主观能动性。

国内的微课程教育网站目前还处于蓬勃发展阶段，微课程应用平台的功能还不够完善，亟待解决的问题还很多。

第二节 微课教学的理念设计与实践

从微课本质构成上讲以微视频为主，辅助的有微教案、微课件、微练习、微点评、微反馈和微反思。对基础教育来讲，微课以基础的学科知识与常识学习为主。例如，安全常识的学习可以通过讲解安全知识并配合微练习达到微课教学的目的，学科知识则通过理论的讲解，结合微课件、微练习、微反馈以及微反思达到教学效果。

一、微课教学的理念设计

（一）微课教学模式理念

1. 教学模式基本概念

教学模式是在一定教学思想或教学理论指导下建立起来的较为稳定的教学活动结构框架和活动程序。作为结构框架，其突出了教学模式从宏观上把握教学活动整体及各要素之间内部的关系和功能。作为活动程序，其突出了教学模式的有序性和可操作性。"教学模式"一词最早由美国的乔伊斯（B. Joyce）和威尔（M. Weil）提出。

2. 教学理念设计的类型

教学模式是教学理论的具体化，是教学实践概括化的形式和系统，具有多样性和可操作性。因此，教学模式必须与教学目标契合，考虑实际的教学条件。对不同的教学内容选择不同的教学模式。美国学者乔伊斯（B. Joyce）和威尔（M. Weil）根据教学模式是指向人类自身还是指向人类学习，把它们分成了四大类：信息加工类、社会类、个体类、行为类。

（1）信息加工模式

信息加工模式就是按认知方式和认知发展调整教学，其目标是帮助学生成为更有能力的学习者，教学的最终目的是要揭示大脑记忆、学习、思维、创造等的机制。此模式包括归纳思维模式、概念获得模式、图文归纳模式、科学探究及其训练模式、记忆模式、讲授模式。

(2) 社会模式

社会模式以不同的思想和个性相互作用而产生的协同作用为依据，强调人的社会属性，使人习得社会行为及社会交往，提高人的学习能力，利用合作产生的整合能量来构建学习型群体。此模式包括合作学习模式、价值观学习模式以及角色扮演模式等。

(3) 个体模式

个体模式试图帮助学习者把握他们自己的成长，强调人自出生就受到各方面的影响，形成人类的语言和为人处世，而且人自己进行积极的建构组合。因此，人们要积极地关注周围的环境和人，以得到更好的发展。此模式包括非指导性教学模式与自我认知发展模式。

(4) 行为模式

以行为模式建立的教学，强调调节学习速度、任务难度以及先前的成绩与能力，而教育者的任务则是设计出能够鼓励积极学习的教学材料和教学活动，避免消极的环境变量。此模式包括掌握学习模式、直接指导模式、模拟训练模式。

国内对教学模式的分类也很多，一般把教学模式分成三类：一类是师生系统地传授和学习书本知识的教学模式；一类是教师辅导学生从活动中自己学习的教学模式；还有一类是折中于两者之间的教学模式。

（二）信息化环境下的教学理念设计

1. 探索型教学模式

探索型教学模式主要适用于重要知识点的讲解和章节知识的梳理，是指在教师教学目标的指引下，将教学内容进行数字化处理，使学生在体验学习情境之后，以理顺知识的方式提出问题并作答。通过"情境—质疑—释疑—知新"的方式来建构当前知识。其主要步骤如下：

第一，根据学习需要，确立教学目标。

第二，将教学内容利用信息处理技术情境化。

第三，学生根据情境体验对情境信息进行初步加工。

第四，针对加工过程中的问题提出质疑。

第五，根据问题情境进行知识联系和梳理。

第六，深入理解，解答问题。

第七，指导学生进行评价，获取反馈信息。

2. 任务驱动型教学模式

根据奥苏贝尔的"学习动机内驱力"理论，先对学习者进行分析，然后以网页或课件等形式设置情境，诱发其学习动机。学习者有针对性地选择任务进行自主探究、建构知识

体系。其过程大致如下:

第一，获取刺激，诱发动机。由教师进行学习者分析后，创设反差性情境，激发学生的学习动机。

第二，理性思考，查找反差。学生通过对比、交流等进行反省剖析，找准缺陷。

第三，深入探究，寻找答案。

第四，知识迁移，巩固经验。

第五，反思评价，形成体系。

第六，交流应用。

3. 专题研究型教学模式

专题研究型教学模式是指在教师的指导下，学生以科研、实践等方式对某一问题进行专门探讨，最终形成结论。这种模式有利于提高学生的创新能力和实践水平，要求学生自主地搜集资料、探索规律、建构知识，以专题研究的深度、学生获取新知识的多少以及科研能力的提高程度为主要评价标准。专题研究的问题一般是课堂知识的延伸，知识跨度比较大，需要学生具有较强的综合能力和推断能力。教师应指导学生根据自己的兴趣和特长来选定主题，题目不宜过大，要有一定的事实基础或理论依据，研究要具有可行性。学生在研究过程中要分工合作，敢于提出自己的观点，要充分利用便捷的网络资源，借鉴已有经验，要满怀信心，深入研究。整个研究过程都由学生自主完成，教师仅对选题、资源等进行一般性介入。

4. 知识创新型教学模式

知识创新型教学模式是基于建构主义和人本主义学习理论的教学模式，充分体现学生的"自主"和"中心"地位，从信息获取到问题探索再到意义建构都由学生独立完成，教师只给出方向性的建议，但最终的规律体系应由教师和学生共同评议。学生的探索路径可概括为选择、揣摩、摸索、揭示、扩充。

二、微课教学理念的实践

（一）微课教学理念的实践原则

微课是借助先进的信息技术和网络平台实现的，其积极作用不能低估。它首先表现在优质资源共享和自学的灵活性上。目前传统课堂的小班上课，由于一个学校教师水平的参差不齐，一些优秀教师所教的班有限，别的班的学生没法享受优秀教师的资源，更别说学校之间的差距更大。多年来屡禁不止的择校问题，与其说是择校，不如说是择师。虽然优质学校的硬件设施好于薄弱学校，但家长更看重的是优质学校的师资水平。而依托传统的手工式的教学方式，再优秀的教师也只能教几个班的课，不可能让外班外校的学生享受到这种优质资源。对于如何发挥优秀教师的讲课资源，微课可以部分解决这一问题。

1. 吸引原则

教师所开发的微课要能对"消费者"—学生形成一定的吸引力。要想让微课能够成为资源建设的一支生力军，作为微课开发者，一定要站在学生的角度来下功夫。这方面可以在微课的易学性和趣味性上"做文章"，所开发的微课应该使"消费者"流连忘返，教师要放下开发者的骄傲姿态，使得开发的微课符合学生的认知特点。"消费者"不停地反复点击观看，只有这样才能发挥出这种学习资源的效力，使学习者满载而归。

2. 效用原则

教师开发的微课要在保证"微小"的前提下，能够使得学生觉得这些微小的学习资源有用。微课开发者不要为了赶时髦或者为了哗众取宠，而在一些没有教育或者学习价值但表面漂亮的资源上做文章。这是一切微课都要参照的原则，如果没有这个原则，必然会搁浅。

3. 灵活原则

微课被引入课程教学过程中，可以是在课前、课中或者课后等节点灵活应用。在课前，学生个体自主学习微课，预先了解授课内容，便于师生在课堂上探讨问题，直至学习者掌握该知识点或技能。在课中应用微课，教师把微课当作纯粹的教学资源，在教学需要时，集中播放给学生观看，帮助学生更加形象和直观地理解重难点知识。在课后应用微课，教师课后发放微课，为学生提供可以反复学习的课程视频，保证每一个学生都能掌握课堂知识。这种方式可以帮助学生自主补习、反复学习，直到学会为止。

4. 反馈原则

微课开发、应用与交流共享之后，需要对微课程进行多元评价和微课程的教学与应用评价，为接下来微课程内容的设计与开发提供指导和参考意见。教育评价、多元评价等多种评价方法都可以用于微课程的评价，及时的评价与教学反思可以促进优秀微课的开发与共享。

（二）微课应用的范围

1. 适于教师在备课时借鉴学习

通过微课可以募集到许多优秀教师的讲课课件，这些优秀教师对课程标准的理解、对教材的分析、对课堂教学的设计都是难得的课程资源。如果教师在备课时能学习借鉴这些优秀资源，一方面可以提高个人的专业素养，另一方面可以直接借鉴学习，提高自己的教学水平。微视频不同于过去网上的课堂实录和优秀教案，它是以 PPT 课件的形式配以教师的讲解，对教师的备课能起到直接的启迪借鉴作用。

2. 适于转化学习困难的学生

在课堂上同样的授课时间，学习困难的学生并不能完全掌握，教师也没有时间专门去照顾这些学生。过去靠课堂笔记难以复现教师讲课的情境，现在有了微视频，学生在课后复习时可以反复观看，加深理解。学生还可以根据微课提出的练习题进行变式练习。由此可见，微课的应用有助于转化学习困难的学生。

3. 适于家长辅导孩子

现在家长普遍重视孩子的学习，有的家长想辅导自己的孩子苦于不了解教师的讲课进度和要点，也有的限于文化水平而辅导不了。现在有了微课，家长在家也可以反复观看，首先自己明白，然后检查和辅导自己的孩子就方便多了。家长甚至可以通过智能手机在上班的地铁上或中午休息时间下载观看老师的微视频，提前学习，回家辅导孩子时做到心中有数。

4. 适于学生的课后复习

根据艾宾浩斯的遗忘规律，学生在课堂上学得再扎实过后不复习也会遗忘，而学生在复习时如果能够观看老师的微视频，会加深自己对教材的理解，会复现老师讲课的情景，激活记忆的细胞，提高复习的效果。所以老师在课后可以把自己的微视频放到网络上，供学生复习时参考。

5. 适于缺课学生的补课和异地学习

有些学生因病因事缺课，过后找老师补课，此时就要面对这样的情况：一方面老师不可能有时间及时给学生补课；另一方面老师补课时也不会完全像在课堂上讲得那么具体。如果有了微视频，学生即使在外地，也可以通过网络下载老师的微课自学，及时补上所缺的课程，使"固定学习"变为"移动学习"。现在笔记本电脑、平板电脑、智能手机比较普遍，携带方便，都能实现这种移动学习。

6. 适于假期学生的自学

中小学生每年的寒暑假时间都比较长，除了参加一些必要的社会实践活动外，一般老师都会布置一些预习和复习作业。如果老师能够根据学生的需要事先录制一些微课帮助学生预习或复习，也能够提高学生的自学效果。当然，用于预习的视频要区别于教师讲课的视频，不然又变成了"先教后练"的接受性学习。

（三）微课教学实践活动的策略

微课作为一个新事物，需要综合考虑学科特点、知识类型、学习者特征等影响因素，其在教学实践中的效果也须进一步探索。

1. 微课教学应突破传统教学模式的思维怪圈

微课教学不必遵循传统教学线性的设计过程，它可以是一个动态的、网状的、循序渐进的、形散而神不散的教与学的过程。一个完美的教学过程应体现出控制性和释放性的统一。因此，微课应突破传统教学模式的思想怪圈，做到教师教学与学生学习的"学教并重"的统一步调、"以教师为主导，学生为主体"的"双主结合"，从而实现学生、教师、微课和技术四个实体要素动态交互的过程。

2. 微课教学应打破等同于微视频教学的思想偏见

有很多教育工作者片面地认为，微课等同于包含某个知识点或者教学环节的微视频。其实不然，微课不仅包含微视频，也包括音频及多媒体文件的形式，同时还包含与教学主题相关的教学设计、素材课件、教学反思、练习测试及学生反馈、教学点评等教学支持资源。微课在教学实践中，应注重的是利用信息技术手段与某个知识点或教学环节进行深度融合，而不是拘泥于信息技术媒介的外在表现形式。

3. 微课教学应注重时间与空间的连续与统一

微课为符合学习者的视觉驻留规律及其认知特点，将教学内容以片段化的方式呈现，虽有助于学习者的深度学习，但碎片化的知识对课堂内容的统一、系统化整合带来了巨大的挑战。因此，微课的设计并不是对课堂教学内容盲目地切割，而是对课程中所出现的重点、疑点、难点进行精心的信息化教学设计：在把握好知识粒度的同时，又必须确定好时间单元；在保持知识相对独立的同时，又与实际教学内容的整体性相联系。此外，学习者应有效地使用教学支持工具，充分利用零散时间开展移动学习，做到课内正式学习与课外非正式学习的统一与连续。

4. 微课教学应用于具体的教学情境

微课教学模式设计是否科学、应用效果如何，不是通过简单理论归因、专家评判就能得出的，而是需要将其应用到具体的教学情境中，对教与学的环境、条件、因素等各方面开展实证研究，才能更加科学、客观地设计、开发以及实施微课，从而提高学习者的学习效果。

因此，微课的制作与教学应用要注意以下三个方面：

一是要与常规课程相结合。微课是对重点、难点或某个知识的解释，是对常规课程的有益补充，使用时必须与课程相结合。

二是要与课程特色相结合。微课表现的内容必须体现课程的特色，用微课作为课程的名片。

三是要与学生的学习兴趣相结合。将学生感兴趣的、关注的知识内容用微课展示出来，这样才能吸引学生，才能获得好的学习效果。

（四）微课教学实践对多媒体的要求

1. 视频技术要求

微课一般采用流媒体格式。微课码流在 128kbps ~ 2Mbps，帧速大于或等于 25FPS，电脑屏幕颜色设置为 16 位。微课启动时间要短，片头设计一目了然，进入主题快捷。微课应插入一定的字幕，一是解决教师语言表达和视频表达的难点问题，二是用文字加强对学生知识的记忆。微课进程节奏要快，片头和片尾要简短，主题部分要丰满，镜头切换和"蒙太奇"手法运用合理。视频素材不应有抖动或镜头焦距不准的情况，镜头推拉要稳定，要保证主体的亮度。背景音乐和解说要清晰，解说要用普通话，音量和混响时间适当，音乐体裁与内容要协调。微课播放时要稳定性好、容错性好、安全性好、无意外中断、无链接错误。要对微课设计相应的控制功能，使其操作方便、灵活，交互性强，人机界面简单快捷。

2. 动画技术要求

除与视频技术要求相似外，动画中的配色方案要协调，颜色不夸张、不暗淡。用二维空间表现的立体层次要分明，进场和出场前后顺序不能颠倒，动画运动速度合理，视觉不应产生错觉。动画中的字幕规范，字号不宜过大或过小，字体运用合理，字幕不宜过多，以防干扰学生的注意力。动画所演示的概念、原理、结构及其他信息不应让学生产生理解错误和理解误会。动画设计应有必要的交互和链接，播放时尽量不用特殊的插件。

3. 课件技术要求

课件中文字大小应符合人体工程学的要求，文字配色要与课件配色方案相符合，每个幻灯片中的文字不宜过多，只能用提纲式的文字，不能用过多的文字来代替教学内容。图形或图像应采用 JPG、GIF、PNG 等常用格式，彩色图像的颜色数不少于 256 色，对色彩要求较高的图像建议使用全真彩，灰度图像的灰度级不低于 128 级，合理使用照片和剪贴画，照片不宜占满屏幕。课件应尽可能利用图片、图表、表格、流程图、双向表、插画等。课件中动画效果不宜过多过杂，避免转移学生的注意力。

4. 艺术性标准

微课界面布局要合理、新颖、活泼、有创意，整体风格统一，色彩搭配协调、效果好，符合视觉心理。在构图上要合理组织画面、合理分割画面，主体元素突出。在色彩设计上要处理好对比与协调、变化与统一的关系。颜色不宜过多和过杂，在统一的色调中寻求变化。文字要简明扼要，提纲要突出，字体、字号和字形要与微课协调，不使用繁体字或变形字。视频拍摄的角度、视距和镜头推拉要合理，主体、光照条件和背景亮度要协调好。解说、背景音乐和音响效果要搭配好，并与视频或动画主体的时间合拍，不得相互干扰。

（五）微课教学实践活动的标准

1. 微课应符合课程教学大纲要求

微课内容要与教学内容匹配，反映教学重点、难点或关键知识点。微课要有一定的思想性、启发性和引导性，具有很好的辅助教学效果。微课要表述准确，无科学性、知识性、文字性错误。微课的教学目标不能超过教学大纲的要求，不能包括过多的教学内容，要符合课程要求及专业教学标准，符合学生认知能力水平。微课整体设计要新颖且有创意，具有较大的推广价值。

2. 微课应符合学习者的学习心理

微课应减少学生学习时间，提高学生的学习信心和兴趣，创造良好的学习情境。微课的内容要难易适中，深入浅出，适于相应认知水平的学生，要有利于激发学生学习热情，有利于学习理解，注重能力培养，注重学生的素质教育。微课应注重教学互动，能起到启发学生思考、激发学生主动学习的效果。

3. 微课应表现教师的教学艺术和教学风格

教师的教学语言要规范、清晰、准确、简明。教师的仪表要得当，教师要严守职业规范，要能展现良好的教学风貌和个人魅力。微课教学应有创意，应充分表现教师的教学艺术和教学风格。

4. 微课应提供完整的教学资源

除了微课本身要有主题明确的微课程名称、片头、内容、片尾、字幕等完整的媒体文件外，微课开发者还应提供教学设计、教学课件、学生作业等其他教学资源。

第三节　微课教学模式开发与应用

互联网时代的到来打破了商业格局，颠覆了传统行业，产生了一系列变革。身边的变化在不断影响我们每一个人。每一个职业人都需要快速成长，适应变化，为自己和企业创造更多价值。无处不在的大变革背景下，职业人学习需求也变得更加时效化和碎片化。但是很多企业的培训工作还在做着所谓的系统化建设，投入大量的人力、物力、时间，按部就班地组织实施传统培训学习项目。这些方式早已不能适应需求，投入产出比也越来越低。此时，微学习和微课应运而生，成为众多培训从业者追捧的形式。

一、情境微课的开发

情境微课是指根据特定的环境、任务、场景展开的微课教学活动。情境微课分为情境类电子微课和情境类面授微课。它主要用来传授企业特定任务、场景中需要的整合性知识、技巧，学习者可以直接模仿和借鉴，容易转化和应用。这就要求情境微课开发者具有丰富的实践经验，能结合企业特定情境中的挑战点、痛点、难点提炼出有针对性的知识，因此适合由企业内部的专家来开发。

（一）情境微课开发的目的

情境微课不是传授通用知识，而是传授解决特定问题或挑战的策略、技巧和方法。这就需要把专家头脑中的丰富经验（隐性知识）显性化，通过深度分析提炼成有价值的组织经验。这些知识传授给一般员工或新员工，他们就不需要自己琢磨，可以直接模仿应用，加速成长。因此，微课的选题和内容萃取对组织和个人都有重要意义。

情境微课的核心问题是解决如何从我（专家）掌握到你（学习者）收获的过程。培训的目的是提高学习者能力，因此课程开发就包含了这个关键过程。好的教学设计要使学习者喜欢学、听得懂、学得会、记得牢、会应用，最终提升个人和组织绩效。

（二）情境微课开发的特性

情境微课开发比标准课程开发难度更大，难就难在必须像做精致小菜一样保证每一门微课的内容和形式都要有独特价值。因此，情境微课看起来小，做起来容易，但要做好则很难。

情境微课开发者大部分是各领域专家。常规做法是在企业培训部门统一规划下，较为系统地开发相关主题课程，不同主题由不同的专家承担。在互联网时代，随着企业快速发展，越来越多的企业鼓励员工分享知识，员工也乐于奉献自己的经验和智慧。通过自主开发电子微课，人人都可以成为微课开发者。

业务专家一般都参加过很多培训。其中，大部分培训是传统面授课程，时间长、内容多；可能有少部分是电子微课，而情境微课的学习体验就更少了，好的体验就基本没有了。这就导致他们对于什么是微课、什么是情境微课、什么是好的情境微课都缺乏体验，这时候还要他们以课程开发者的身份进行课程的开发、制作，那更是不知从何处下手了。具体来说，作为情境微课的开发者，他们面临着如下几方面的挑战：

1. 萃取难

许多专家都有这样的体会，工作中的疑难题自己处理起来很轻松，但是要清楚地把自己是如何做到的讲给其他人听很不容易。情境微课要求在很短的时间内讲清楚，更是难上加难。

2. 设计难

教学设计是一项专业工作，业务专家基本是门外汉。诸如系统化教学设计、敏捷式课程开发，他们都不是十分了解。

3. 成果繁

培训部门对课程成果的要求程度不同。许多企业要求一门课程要提供课程大纲、授课PPT、讲师手册、案例、练习和学员手册六项要件，写作量巨大。如果要制作成电子微课，还需要进行电子化设计。

4. 时间紧

作为业务骨干，本职工作已经非常繁重，开发课程需要占用许多时间。还有一个问题是，占用工作时间过长会带来与本职工作的冲突，占用业余时间过多会带来与家庭生活的冲突。同时，情境微课是为了解决企业热点和痛点问题，过长的开发时间也会降低课程的时效性。

这些问题事实上是对开发方法提出了挑战，具体来说，就是业务专家在开发情境微课时需要简化的流程步骤、通俗易懂的开发方法、可以直接套用的模板工具和可以直接参考的典型范例。这也正是情境微课开发需要解决的问题。

（三）情境微课开发的三种驱动

情境微课开发主要有三种驱动力，或者称为三种应用方向，也就是"新""关""痛"。新是指企业需要推广新产品、新政策、新技术等，结合员工应用场景来开发对应的情境微课可以助力学习落地，如新产品推广。"关"是指即使没有业务政策变化，在企业日常生产经营活动中同样存在关键客户开拓与服务、关键流程执行、关键项目管理等任务场景，这些场景除了标准作业流程和方法之外，还会有许多关键环节需要强化，这也可以开发出对应情境微课，如关键客户服务。"痛"是指在日常经营活动中会出现一些业务痛点，例如，关键客户流失、瓶颈工序严重影响产量和质量、某个设备故障引起整个系统问题等。企业内部有专家，也有力挽狂澜、转危为安的案例，通过梳理这些典型案例开发出相关情境微课就可以助力消除痛点。

（四）情境微课的开发模式

在情境微课开发过程中，企业一般会采取两种模式。

一种是个人经验分享式。常见模式是专家案例分享课程，这种模式简单、易于操作。通常是一个业务专家结合自身典型案例进行个人复盘，总结其经验教训或方法窍门后，利用简单课件工具就可以制作完成。企业通过鼓励专家和更多人分享，经过简单制作就可以获得大量微课。尽管质量参差不齐，但是可以通过评价、点赞等机制筛选出一批有水准的课程，然后进行深度萃取。

另一种是组织经验萃取式。常见模式是组织一批专家通过头脑风暴、焦点小组、世界咖啡等多种形式对组织经验进行深度萃取，最终形成可以复制的策略、方法、工具、诀窍等，同时输出具有典范和对比效应的正、反案例。这种情境微课质量高，但是开发难度明显比第一种大。

企业可以结合内部专家数量和现有知识积累程度来决定采取哪种模式。关于以上两种情境微课开发模式的比较情况详见表7-1。

表7-1 情境微课两种开发模式对比

不同点模式	个人经验分享式	组织式经验萃取式
人员投入	一位专家	多位专家＋辅导者
萃取深度	个人结合自身典型案例进行经验、教训总结	结构化方法论，结合多位专家经验提炼出可复制的流程步骤、工具、方法、典型案例等
教学设计形式	以案例分享为主，不需要太多互动设计	包含微目标、微视频、微练习、微评估在内的系统化学习要件
开发难度	较低	较高

（五）情境微课模式开发流程

情境微课模式开发流程一般包括四个阶段。首先要理解每个阶段要完成的任务，然后在每个阶段内展开具体行动。

第一阶段：聚焦情境。这个阶段核心任务是考虑清楚课程要聚焦在哪个热点问题或者痛点问题上进行开发。聚焦是核心，选择的情境、问题、挑战越具体，提炼的"干货"才越有针对性，授课者才能在短时间内讲清楚、讲透彻，学习者才能有收获。

第二阶段：萃取知识。这个阶段核心任务是提炼"干货"，也就是解决特定情境下痛点或挑战的策略、方法、工具。萃取的关键是要围绕挑战和痛点展开。因为挑战和痛点背后隐藏着专家的经验和知识，这些内容才是真正的"干货"。提炼的逻辑是先明确挑战、分析成功或失败个案背后的经验教训，再将其提炼成结构化的工作方法。

第三阶段：设计大纲。这个阶段核心任务是解决转化问题，就是想清楚如何把提炼好的知识从专家转移到学习者上。相关学者提出了运用一勾（勾兴趣）、二学（学方法）、三练（练本领）、四查（查收获）的快速设计套路来实现这个目的。

第四阶段：开发课件。这个阶段核心任务是把设计的教学活动开发出来，也就是如何勾、如何学、如何练、如何查。相关学者也提出了许多标准模板和范例，可供业务专家直接使用和模仿。

（六）规划情境的策略

规划情境通常有两种策略。一种是自发方式。业务专家根据自己特长和兴趣爱好直接选择情境进行开发，开发了大量微课后，通过内部员工学习和点评筛选后进行梳理整合。另一种是定向招募。业务部门或培训部门主动策划微课主题，然后定向招募或组织业务专家进行深度开发，在碎片化学习的同时保证内容的系统性和价值性。

二、微课教学模式的应用

（一）开门见山式微课教学模式应用

1. 开门见山式微课简介

开门见山式表示直接点明主题，不拐弯抹角。开门见山式微课表示教师在微课开始直接介绍本节微课的主要内容与学习目标。这种开讲方法能够引起学生的足够注意，便于其抓住本节课的知识脉络。通过对本节重点概念或关键问题的简介，引入知识内容，既突出了授课的重难点，又是一种微课知识引入的良好方式。

开门见山式微课即在视频刚开始就直接阐述微课题目，如"今天我们一起来学习'二进制与八进制、十六进制的数值转换'"。简洁明了，这一点微课与传统授课的过程还是有区别的，即略去课堂语言。开门见山式微课主要针对学习兴趣比较浓厚、积极性较强的学习对象。

2. 开门见山式微课教学模式设计

开门见山式微课通常教学内容简洁明了，直接切入主题。开门见山式微课教学设计中，知识点的引入要能直接引起学习者的关注；知识的讲解要紧凑；教学媒体的选择要适合表现形式，注重直观形象，通俗易懂；教学总结要突出重点，还可以设置一些问题，以检验学习者的学习效果。

3. 开门见山式微课的适用场合

开门见山式微课直接点明主题，明示讲解的主要内容与学习目标。这种方法能够引起学习者的足够注意，便于其抓住本节课的知识脉络。这种方式适用于主动学习，或者是目标明确、积极向上的学习对象。

开门见山式微课适用于课程的概念阐述、重难点解析和疑惑点解析。此类微课适合在教材配套的数字资源中使用。

（二）情境式微课教学模式应用

1. 情境式微课简介

情境即情景、境地，也就是在一定时间内各种情况的相对的或结合的境况。从社会学角度讲，情境指与个体直接联系着的社会环境，与个体心理相关的全部社会事实的一种组织状态；从心理学角度讲，情境指对象和时间等多种刺激模式，对人有直接刺激作用，有一定的社会学意义和生物学意义的具体环境。综上所述，情境是指能引起人情感变化的具体的自然环境或社会环境。建构主义强调用真实背景中的问题启发学生的思维，其所指的真实背景就是情境。从学生角度看，情境可以理解为促使学生产生学习行为或从事学习活动的环境和背景，它是提供给学生思考空间的智力背景，能产生某种情感体验并诱发学生提出问题和解决问题的一种刺激事件或信息材料。

情境可分为三类：一是真实的情境，指人们身边真实而具体存在的群体和环境；二是想象的情境，指在人的意识中有的群体和环境，人与意识通过各种媒介互相影响和作用；三是暗含的情境，指某人或群体某种行为中包含的某种象征意义。构成情境的要素有目标、角色、时空、设施、阻碍因素等。

教学情境通常指具有一定情感氛围的教学活动。孔子说："不愤不启，不悱不发，举一隅不以三隅反，则不复也。"孔子的这段话，在肯定启发作用的情况下，尤其强调了启发前学生进入学习情境的重要性。所以，良好的教学情境能充分调动学生的学习主动性和积极性，激发学生思维，开发学生智力，是提高教学效果的重要途径。教学情境是指教师在教学过程中运用各种手段与方式创设的一种适教和适学的情感氛围，从而完成教学目标和任务。良好的情境可以使教学内容触及学生的情绪和意志领域，使学生的学习活动变为自己的精神需要，从而使课堂教学充满生命力。教学情境是课堂教学的基本要素，是教师教学意图的体现，而创设有价值的教学情境则是教学改革的重要追求。情境可以贯穿于整个微课，也可以在课的开始、课的中间或课的结束。

一个好的教学情境应具备的条件：一是生活性。要注重联系学生的现实生活，要充分挖掘和利用学生的经验；二是问题性。提出的问题要具有一定的挑战性，以利于学生创造能力的培养。三是形象性。要适合不同认知水平的学生学习，以引起学生的学习动机和兴趣；四是情感性。具有激发学生情感的功效；五是学科性。符合教学目标、教学内容、教学要求。

情境教学是指在教学过程中，依据教育学和心理学的基本原理，根据学生年龄和认知特点的不同，通过建立师生之间、认知客体与认知主体之间的情感氛围，创设适合的学习环境，使教学在积极的情感和优化的环境中开展，让学习者的情感活动参与认知活动，以期激活学习者的情境思维，从而在情境思维中获得知识、培养能力、发展智力的一种教学活动。它是利用具体的场景或所提供的学习资源以激起学习者主动学习的兴趣、提高学习效率的一种教学方法。

传统教学与情境教学的区别在于：传统教学是把存在于自然状态中、时间和空间上零散存在的知识本身抽取出来，直接呈现和传授给学生去理解记忆；情境教学是教师把自然状态的、在时间和空间上分散存在的情境，有目的地进行加工并组成有机的学习情境来组织课堂教学，学生在情境中发现问题和获取知识。不同的教学方式会产生完全不同的教学效果。传统教学中学生完全脱离知识和应用的背景，无法发现知识形成的途径，获得的知识难以应用于解决实际问题；而情境教学中的学生得到的是学习策略和方法的锻炼，获得的知识与实践紧密结合。

课堂引入重视创设情境、设置任务，以激发兴趣，关注学生的内心体验与主动参与，把学生带入与教学内容有关的情境，让他们在情境中捕捉各种信息、产生疑问、分析信息并引出各种设想，引导他们在亲身体验中探求新知、开发潜能。为此，可从以下几方面进行实践：

（1）生活实例式

通过学生熟悉的生产与生活的实际问题引入新课，能使学生感知书本知识和生活实际的紧密联系，从而激发学生的求知欲望。例如，在学习数据库时，可以让学生思考如何整理归纳班级学籍信息，如姓名、年龄、性别、籍贯和科目成绩等，从而引出建立学籍管理数据库。

（2）创设悬念式

针对微课内容精心创设任务情境，让学生的思维在情景中尽情展开，并适时设疑，利用学生的好奇心、好胜心引入新课。例如，在一场暴雨之后，汽车被大雨浸泡，车主启动发动机，发现汽车损坏，那么保险公司赔不赔车主的损失呢？带着这种悬念，学生开始学习"汽车保险与理赔"课程的"近因原则"。

(3) 实验演示式

英国教育心理学家托尼·斯托克维尔说："要想快速而有效地学习任何东西，你必须去看它、听它、感觉它。"通过实验演示或实物展示，把抽象、枯燥的内容具体化、形象化，可以使学生获得直观的感性认识，加深对学习对象的理解。例如，课前准备了废旧的硬盘、光盘、U盘和移动硬盘等，让学生从存储介质、组成材料、容量、存取速度等各方面分辨这几种外存的区别，从而引入"外存储器"的学习。再如，请学生动手交换A、B杯中的可乐和橙汁，出现第三个空杯子的必然性，为本堂课讲解数据交换中的"中间变量"的作用打下坚实的基础。

2. 情境式微课教学模式设计

在情境式微课中，情境的创设要贴近生活，以吸引学习者，与学习者产生共鸣，增加关注度。知识的讲解要注意层次性，注重引导学习者思考。教学媒体的选择要适合表现形式，注重直观形象、通俗易懂。问题的讲解要注重情境的延续性，最终要解决情境中的问题。总结考核最好设置一些问题，以检验学生的学习效果，如果存在没有掌握的知识，可重新学习。

3. 情境式微课的适用场合

生活展现情境能使学习者直接、鲜明地感知目标，易于在观察中启发想象，比较适合认知类、思政类和素养类课程。实物演示情境具体直观，易于展示现场观摩、操作，适用于汽车、机床等实践操作类的实践操作演示。图画视频再现情境易于发现问题、分析问题、解决问题，适用于案例分析类课程，如会计、心理健康、法律基础等。虚拟仿真情境可以描述成本较高、难以演示、有安全隐患的场景，适用于医学类、SMT、网络基础、通信类、电子与电气类、数控加工模拟等课程。音乐渲染情境适用于大学语文、大学美育、体育类课程。表演体会情境可分为进入角色和扮演角色，适用于情景剧式微课的制作。语言描绘情境中，语言要具有主导性、形象性、启发性和可知性，比较适用于素养类、讨论式的课程。情境的创设要选择适合的老师、恰当的数字媒体资源，表现力较强的老师可以使用语言描绘情境。

（三）探究式微课教学模式应用

1. 探究式微课简介

《辞海》[①] 将"探究"一词解释为"深入探讨，反复研究"。探究有广义与狭义之分。广

---

① 《辞海（第六版彩图本全五册）》是2009年9月18日上海辞书出版社出版的图书，作者是夏征农、陈至立。

义的探究是一种积极主动的思维方式，泛指一切独立解决问题的活动；狭义的探究是专指科学探究或科学研究。简单地讲，探究就是努力寻找答案，解决问题。

美国学者彼得森（Jrgen Pettersson）认为："科学探究是一种系统的调查研究活动，其目的在于发现并描述物体和事物之间的关系。其特点是：采用有秩序的和可重复的过程；简化调查研究对象的规模和形式；运用逻辑框架做解释和预测。探究的操作活动包括观察、提问、实验、比较、推理、概括、表达、运用及其他活动。"

探究式教学，就是以探究为主的教学。具体地说，它是指教学过程中，在教师的启发诱导下，以学生独立自主学习和合作讨论为前提，以某个知识点或者技能点为基本探究内容，以学生周围的世界和生活实际为参照对象，为学生提供充分自由的表达、质疑、探究、讨论问题的机会，让学生通过个人、小组、集体等多种解难释疑尝试活动，将自己所学的知识应用于解决实际问题的一种教学形式。探究式教学就是将科学作为探究过程来讲授，让学生像科学家进行科学探究一样在探究过程中发现科学概念、科学规律，培养学生的探究能力和科学精神，找到解决问题的方法。具体包含两层意思：一是从教师角度——教学方面的研究，即探究式教学；二是从学生角度——学习层面的研究，即探究性学习。在教学过程中，教师和学生的作用是相互的、不能分开的。

探究教学模式，就是在探究教学理论的指导下，在探究教学实践经验的基础上，为发展学生的探究能力，培养其科学态度和精神，按照模式分析等方法建构起来的一种教学活动结构与策略体系。一般来说，探究教学模式包含理论基础、教学目标、操作程序与实施条件。探究教学模式表现为教学活动结构和教学策略体系的四大要素，即可操作性、顺序性、阶段性、程序性。之所以这样理解，是由于探究教学模式从发展之初就是作为教学策略出现的，更注重微观层面，因而具有可操作性；同时，探究教学模式具有特定的顺序性和阶段性，因此形成了一定的教学活动结构。教学模式的本质是程序，是对教学设计、实施、评价与反思等程序的说明。

由于探究教学是师生共同开展的教学与探究活动，因此强调教师要创设一个以"学"为中心的智力和社会交往情境，让学生通过探索发现来解决问题。探索的目的不是把少数学生培养成科学精英，而是要使学生成为有科学素养的公民。它既重视结果又强调知识获得的过程，突出以学生为中心和全体参与。因而，探究式教学更利于素质教育、创新教育的有效实施，它符合自然科学的认知规律。探究式教学的特点包括以下几方面：

（1）教学过程的主体性

探究式教学是学生在教师指导下的自主探究，在教学过程中突出了学生的主体性，教师的主导完全是为了更好地发挥学生的主体作用，并通过学生主体的充分参与、主动探究和主体的发展反映出来。

（2）探究学习的自主性

在探究式教学中，学生是在教师的指导下自主参与教学的全过程，要获取知识，靠的是自己的主动探究，而不是填鸭式的接受灌输。

(3) 情境创设的问题性

问题是科学探究的动力、起点，教学中若不能提出富有吸引力和挑战性的问题，学生就很难形成强烈的问题意识，也就很难有认知的冲动性和思维的积极性。因此，问题是探究教学的关键和核心。创设的具体问题既要充分关注学生的兴趣所在，又要处理好学生倾向与教学目标之间的关系，使二者有机结合。

(4) 信息交流的互动性

探究式教学强调在自主探究的基础上进行小组或班级的合作学习探究。与传统模式中教师单向的信息传递所不同的是：在课堂上师生之间、学生之间进行动态的信息交流，实现师生之间、学生之间的相互沟通、相互影响、相互补充，师生在互教互学中，形成学习的共同体；每个学生都能发挥各自的优势，获得表现的机会，从而激起探究性学习的热情。

(5) 师生关系的和谐性

探究式教学尊重学生的主体地位，通过师生互动，创建活泼、积极主动的课堂教学气氛。教师的教完全是为了学生的学。师生之间民主平等，易于形成具有感染力和催人向上的教学情境，学生受到熏陶，由此激发出学习的无限热情和积极性。而缺乏交流的师生之间甚至产生严重对立的课堂教学气氛，则会抑制学生的学习热情，更有甚者则使学生产生厌学情绪。

(6) 教学要求的针对性

由于环境、教育、经历、主观努力和先天遗传等的不同，学生之间具有较大的个体差异，传统的教学模式无视其差异，一部分学生感到要求过低，另一部分学生又感到要求过高，造成两极分化。而探究式教学对不同层次的学生提出不同的教学要求和不同的学习任务，因材施教，教学要求有针对性，更为实现有效的课堂教学创造了条件。

(7) 教学评价的激励性

探究式教学变教师独自评价为师生共同评价，自评、互评、组评、师评、综合评价相结合，既重结果又重过程。由于探究式教学分层次要求，学生在原有基础上获得不同程度的进步，既累积了知识，又开发了潜能，因而都有机会受到表扬激励，获得成功的体验，从而满足自我实现的需要。

总之，探究式微课教学设计就是指结合知识点与技能点相适应的学习内容，创设生活中的与专业相关的教学情境，以问题为中心，采取合作交流的方式，在教师的引导下，学生通过实验、观察、操作、调查、信息搜索等方式，实现自主解决问题的一种教学设计。

2. 探究式微课教学设计模式

探究式教学是一种以学生为中心的教学模式，主要强调学生的主体地位，倡导学生自主、合作、科学思维的学习方式与策略。然而，在微课的教学设计中，以教师为主要讲解者，所以在强调师生的角色扮演方面，既可以采用学生提出问题的方式，也可以采用教师扮演学生角色提出问题的方式。探究式微课的教学设计包括提出问题、产生假设、验证假设、总结结论四个环节。

3. 探究式微课的适用场合

探究式微课适用于理论性与实践性并重的工科类课程，如数据结构、数控机床的维修、机电设备故障诊断与维修、计算机的维修、网络故障的诊断与维修等。例如，在"数据结构"或者"C语言程序设计"课中，为了更好地发挥实践教学对算法学习的促进作用，在探究式学习理论的指导下，研究并实践以学生为本，以团队协作为载体，融合任务驱动式、启发式等教学方法的教学模式，提高学生调试代码的能力。又如，在"机电设备故障诊断与维修"微课中，呈现某种故障现象可能是由哪些因素导致的，就是一个"排除假设—缩小范围—找到故障"的过程。

（四）抛锚式微课教学模式应用

1. 抛锚式微课简介

建构主义"以学为主"的教学策略有支架式教学、抛锚式教学和随机进入教学三种。这三种教学策略都体现了以学生为中心的教学设计，能有效地促进学生的自主学习和对知识意义的主动建构。

抛锚式教学是指在多样化的现实生活背景中或在利用技术虚拟的情境中运用情境化教学技术以促进学生反思，从而提高迁移能力和解决复杂问题能力的一种教学方法。抛锚式教学是一种学习框架，它主张学习者在基于技术整合的学习环境中学会解决复杂问题。在这种学习环境中，学生的学习内容和学习过程是真实的，所学结果具有较高的迁移性，从而使学生的学习变得有意义。

抛锚式教学要求建立在有感染力的真实事件或真实问题的基础上。确定这类真实事件或问题被形象地比喻为"抛锚"，因为一旦这类事件或问题被确定了，整个教学内容和教学进程也就被确定了（就像轮船被锚固定一样）。建构主义认为，学习者要想完成对所学知识的意义建构，即达到对该知识所反映事物的性质、规律以及该事物与其他事物之间联系的深刻理解，最好的办法是让学习者到现实世界的真实环境中去感受、去体验（即通过获取直接经验来学习），而不是仅仅聆听别人（如教师）关于这种经验的介绍和讲解。

由于抛锚式教学要以真实事例或问题为基础（作为"锚"），所以有时也被称为"实例式教学"或"基于问题的教学"。

抛锚式教学中的核心要素是"锚"，学习与教学活动都要围绕着"锚"来进行设计。教学中使用的"锚"一般是有情节的故事，而且这些故事要设计得有助于教师和学生进行探索。在进行教学时，这些故事可作为"宏观背景"提供给师生。由于该模式在全球范围内产生较大的影响，已得到广泛认可和应用。

抛锚式教学的基本环节包括创设情境、确定问题、自主学习、协作学习、效果评价。然而，基于微课本身是一种单向的教学，所以它在基于抛锚式微课开发时，更多的是基于真实事例或问题为基础的实例式教学。

2. 抛锚式微课教学设计模式

抛锚式教学的主要目的是使学生在一个完整、真实的问题、事件或环境（具体来讲就是一个事件、一个真实的设备场景，或者是一个真实的项目）中产生学习的需要，并通过学习者共同体中成员间的互动、交流，即合作学习，凭借自己的主动学习、生成学习，亲身体验从识别目标到提出和达到目标的全过程。总之，抛锚式教学是使学生适应日常生活，学会独立识别问题、提出问题、解决真实问题的一个十分重要的途径。

3. 抛锚式微课的适用场合

抛锚式微课适用于思想政治类、财经类等文科，或者素养类讲事实、说道理的系列专题微课开发。因为这种类型的课程通常能以视频、动画、图片的方式把学生引入相关的事件当中，表达方式相对单一。如果针对工科类课程，则涉及相关的实践项目，具体包括项目的展示、问题的分析、教师的相关操作与演示等。

（五）理实一体式微课教学模式应用

1. 理实一体式微课简介

理实一体式微课即理论实践一体式的微课教学设计模式。其突破以往理论与实践相脱节的现象，教学环节相对集中。它强调充分发挥教师的主导作用，通过设定教学任务和教学目标，让师生双方边教、边学、边做，全程构建素质和技能培养框架，丰富理论教学与实践教学环节，提高教学质量。在整个教学环节中，理论和实践交替进行，直观和抽象交错出现，没有固定的先实后理或先理后实，而是理论中有实践演示，实践中有理论的应用，突出学生动手能力和专业技能的培养，可充分调动和激发学生的学习兴趣。理实一体式教学中主要运用讲授法、演示法、练习法。

（1）讲授法

讲授法重点在课堂上，将项目展开并通过演示操作及相关内容的讲解后进行总结，从而引出一些概念、原理，并进行解释、分析和论证，根据教学内容，既突出重点，又系统地传授知识，使学生在较短的时间内获得构建的系统知识。讲授要求有系统性，重点突出，条理清楚。讲授的过程是说理的过程，即"提出问题—分析问题—解决问题"，做到由浅入深、由易到难，既符合知识本身的系统，又符合学生的认识规律，使学生逐步掌握专业知识。

（2）演示法

演示法是教师在理实一体教学中进行示范性实验及示范性操作等手段使学生通过观察获得感性知识的一种好方法。它可以使学生获得具体、清晰、生动、形象的感性知识，加深对所学知识点与技能点的理解，把抽象理论和实际事物及现象联系起来，帮助学生形成正确的概念、掌握正确的操作技能。教师要根据课题选择好设备，如软件、工具、量具等。

（3）练习法

练习法是指学生学习完理论课之后，在教师的指导下进行操作练习，从而掌握一定的技能和技巧，对理论知识通过操作练习进行验证，系统地了解所学的知识。练习时一定要掌握正确的练习方法，强调操作安全，提高练习的效果。教师要认真巡回指导，加强监督，发现错误动作立即纠正，保证练习的准确性。教师要对每名学生的操作次数及质量做好记录，以提高学生练习的自觉性，促进练习效果的提高。对于不好好操作的学生，教师要在旁边认真观察，指出操作中的错误，及时提问，并作为平时的考核分。

理实一体式教学模式旨在使理论教学与实践教学交互进行，融为一体。采用该教学模式：一方面，可提高理论教师的实践能力和实训教师的理论水平；另一方面，教师将理论知识融于实践教学中，让学生在学中做、做中学，在学与做中理解理论知识、掌握技能，打破教师和学生的界限（教师就在学生中间，就在学生身边），能大大激发学生的学习热忱，增强学生的学习兴趣，学生边学、边练、边积极总结，能达到事半功倍的教学效果。

基于理实一体式的微课教学设计注重讲授与演示，练习环节要结合学生所学专业的情况而定。

2. 理实一体式微课教学设计模式

理实一体式微课突破理论与实践相脱节的现象，教学环节相对集中。如果实训项目过大，建议开发系列微课或者专题微课，通过实训类微课加强知识的联系与应用，也可以结合抛锚式或者探究式使用。

3. 理实一体化微课的适用场合

职业教育的特点是以学生的生活、生存技能的培养为根本目的，更多强调实践技能的训练。理实一体式微课适合职业教育电子类、电气类、机械类、汽车维修类、计算机类、机电一体化、经管类实训、物流类等众多实践性较强的专业使用,也非常适合开发系列化的专题微课。它不仅能将现场操作演示、虚拟展示、桌面操作过程等记录下来,同时也便于模仿与推广。

第八章 计算机基础课程教学优化实践

第一节 混合式学习的理论基础

一、人本主义理论

人本主义心理学是20世纪五六十年代兴起于美国的一种心理学思潮，其代表人物主要有马斯洛（AbrahamH. Maslow，美）。人本主义学习理论主张将学习看作是个体因内在需求而求知的过程，在此过程中个体所学到的不仅仅是知识或良好的行为方式，更重要的是促进学习者人格的健全发展和完善。同时，人本主义学习理论将学习分为无意义学习和意义学习两种方式，并对意义学习的特点和促进意义学习的条件做了较系统的阐述，深化了人们对学习实质的看法。

（一）人本主义学习理论的核心内容

具体体现在以下几个方面：

1. 教育目标从"学会学习"到"自我实现"

马斯洛认为教育的目的、人的目的、人本主义的目的、与人有关的目的，在根本上就是人的自我实现，是丰满人性的形成，是人种能够达到的或个人能够达到的最高度的发展，说得浅显一些，就是帮助人达到他能够达到的最佳状态。教育的最终目标是人的"自我实现"。人本主义心理学认为，人生来就具备发展的巨大潜能，只要这种潜能发挥出来，就能获得成功。没有什么东西比成功更能激发前进的动力。不断失败的学习体验会使学生在现实的学习中产生自卑感，畏缩不前。

2. 教学过程从重传授知识到重人格培养

人本主义教育思想认为，教育是培养健全的人格，而不是分数，它认为教学过程应充分重视人性的培养，马斯洛反对把教学过程简单地理解为学生获得某一知识的过程，强调教学过程除了使学生获得知识之外更应使学生获得相应的学习方法，促进其健全人格形成的过程。在学习过程中人本主义心理学家重视意义学习，且意义学习是一种自我主动的学习。为了使学生主动地进行意义学习，教师的任务是创造学习条件，创设问题情景，提供学习资源，鼓励学生积极探索，最大限度地挖掘学生的学习潜能，使学生的学习尽量赋有个人意义，从而提高学习效果。

3. 学习过程重视意义学习，提倡自由探索

马斯洛等人将学习分为两种基本类型，即有意义学习和无意义学习。人们的一般看法是，前者是指学习的材料能为学习者所理解，或材料有价值值得学习；后者是指学习的材料不能被学生所理解，或者没有什么价值，不值得学习。马斯洛等人认为意义学习是最重要、最有价值的学习，因为在意义学习中，学生的整个身心如认知、情感活动都卷入其中，最大限度地调动了积极主动性，因而所学内容保持时间长，学习效果好。

4. 教育评价从外部评价转向自我评价

马斯洛等人提倡学生的自我评价。自我评价的本质是使学生自己承担学习的责任，让学生自己了解是否已经做了最大努力，在学习中有什么缺点和不足，思考自己提出问题时的思维品质，使自己始终处于学习过程的中心，从而使学习变得更加主动、有效、持久。

人本主义理论对混合式学习的研究具有指导作用和借鉴意义。混合式学习的自主学习活动中，由于学习方式的多样性和灵活性，使学生可以根据自己兴趣和能力来选择学习内容和方式，调动了学生的学习积极性。在协作学习活动中，同学间相互帮助、相互学习，可以促进学生的沟通交流能力，面对面学习又可以增加师生间情感的交流，教师可以通过自己的言行潜移默化地影响学生的道德行为、待人接物等。混合式学习评价中的自我评价可以更为客观地评价学生在知识习得之外的态度、兴趣等方面的情况。

二、行为主义学习理论

行为主义是美国现代心理学的主要流派之一，诞生于 20 世纪 30 年代。总的来说，行为主义从根本上主张以行为为心理学的研究对象，在手段上极力倡导客观的研究方法，研究看得见、摸得着的行为，这使得行为主义本身就带有了自然科学的特征。代表人物有桑代克（Edward Lee Thorndike，美）、巴甫洛夫（Ivan. P. Pavlov，苏联）、斯金纳（Burrhus Frederic Skinner，美）等。

行为主义学习理论认为：学习的基本单位是条件反射，刺激得到反应，学习就完成，即学习是刺激与反应间的联结。人类学习的起源是外界对人产生的刺激，使人产生反应，加强这种刺激，就会使人记忆深刻，因此，只要控制行为和预测行为，也就能控制和预测

学习结果。学习就是通过强化建立刺激与反应之间的联结的链。教育者的目标在于传递客观世界的知识，学习者的目标是从这种传递过程中达到教育者所确定的目标，得到与教育者完全相同的理解。

从行为主义学习理论的角度来看，教师的职责就是在教学的整个过程中指导、监督、校正、鼓励学生合适的学习行为，强化学生正确的学习行为，削弱或淘汰不正确的学习行为。教师要注意对学生提出及时的反馈与强化，使学习者随时了解自己的学习效果。该理论强调知识和技能的掌握、重视外显行为的研究，较适合解释情绪、动作技能与行为习惯的学习。

三、教育传播理论

混合式学习是一个信息传播的过程。教育传播理论包括教育传播信息、符号、媒体、效果理论。其中教育传播媒体作为教育信息、符号的载体，它的选择对教育传播效果有着直接决定作用。

美国著名传播学家施兰姆（W. Schramm），曾提出"媒体选择定律"，用来解析影响人类选择接触或使用媒体的行为的依据。定律形象化描述为：$\lambda = \alpha / \beta$。其中，α 为可能得到的报酬，β 为需要付出的代价，λ 为预期选择概率。这里"需要付出的代价"包括制作媒体所需要的费用（设备损耗、材料费用、人员开支等）以及所付出的努力程度（难易程度、花费时间等），统称为成本。可能得到的报酬是指能完成教学目标的程度，即学生通过媒体能获得多少新的知识、是否获得能力培养的效果等因素。

定律公式表示：需要付出的代价越小，得到的报酬越大，则媒体的预期选择的概率也就越高。

从媒体选择定律中可以得到如下启示：在实施混合式学习的过程中选择媒体时，应尽可能以最小的成本获得最大的效益。如今教学中可以选用的媒体方式很多，如网络课件、视频在线系统、虚拟实验室等，而传统的课本资料也同样重要。

四、以活动为中心的教学设计

活动理论是一个交叉学科的理论，是研究在特定文化历史背景下人的行为活动的理论。活动理论的前身是苏联著名心理学家和教育理论家维果斯基（Lev Vygotsky）的文化历史心理学理论，后来在20世纪40年代被列昂节夫（Moscow State Lomonosov University，苏联）发展成为活动理论。在苏联最早被应用于残疾儿童的教育和设备控制面板的人性化设计。在20世纪90年代 Kari Kuutti 和 Bonnie Nardi 等人将活动理论引入美国和其他西方国家并广泛流行。活动理论的哲学基础是马克思、恩格斯的辩证唯物主义哲学。它的基本思想是人类行为活动是人与形成社会和物理环境的事物以及社会和物理环境所造就的事物之间的双向交互的过程。人的意识与行为是辩证的统一体。也就是说，人的心理发展与人的外部行为活动是辩证统一的。活动理论的内容主要包括：

（一）活动及活动系统

活动理论认为人类的任何行为活动都是指向对象的，并且人类的行为活动是通过工具作为媒介来完成的。

（二）活动的层次结构

活动理论认为，活动受动机支配，它由一系列动作组成。每个动作都受目标控制。动作是有意识的，并且不同的动作可能会达到相同的目标。动作是通过具体操作来完成的。操作本身并没有自己的目标，它只是被用来调整活动以适应环境。操作受环境条件的限制。

（三）活动的内化和外化

活动的内化和外化体现了行为活动发展与心理发展的辩证统一。活动理论区分内部行为活动（即心理操作）和外部行为活动。它强调如果将内部行为与外部行为隔离开来进行分析是不可能被理解的，因为内部行为和外部行为是相互转化的。

（四）活动是发展变化的

人类的行为活动不是固定不变的，行为活动的构成会随着环境的变化而变化。同时，人类的行为活动又影响着环境的变化。以学习活动为中心的教学设计方案不再像传统教案那样仅仅是教师教的过程的设计，学生的学习过程和活动的设计将成为"教案"中的重要组成部分。

以"学习活动"作为基本设计单位的优点是在设计理论上可以做到全面关注学生的个体差异和性格培养。

五、掌握学习理论

美国心理学家布鲁姆（Benjamin Bloom，美）提出了掌握学习理论。该理论指出，在教学中要以"大多数学生能够掌握"的学习理念为指导，在集体教学的基础上，辅以及时有效的反馈。而混合式学习因其特殊的学习模式，能够与掌握学习的这一理念相契合，即不仅能够使学生接受集体教学，也可以接受所需要的个别化帮助和额外辅导，使大多数学生达到规定的掌握知识的目标学习水平。

掌握学习的优势是，不仅有利于教师因材施教，进行分层次教学，还有利于提高学生的学习能力和学习有效性，从而促进学生全面发展，这一优点恰好能够在混合式学习过程中得以体现。学习者能够利用混合式学习课程资源的自身特点，在学习过程中针对自身学习需要，在基于理解的基础上，自主对混合式学习课程资源进行不同层次的整合。这不仅是因材施教和分层次教学的灵活体现，使学困生得到同样发展，也逐步培养了学习者的学习积极性和自学能力，进行灵活自学和自我完善，促进了学习目标掌握和创造力的提升，最终养成自学的好习惯，使学习者受用终身。因此，在评价课程资源时，应考虑课程资源是否全面易用、是否具有学科知识点的针对性，是否能够支持学生掌握学习，是否能够针对学生的不同需要层次设置不同的课程资源等因素。

六、深度学习理论

深度学习是以促进学生批判性思维和创新精神发展为目的的学习，它强调学习者积极主动的学习状态、举一反三的学习方法，以及学生高阶思维和复杂问题解决能力的提升。

混合式学习课程资源的提供是灵活多变的，这使得学习者在学习过程中能够根据自身的学习进度和学习兴趣，选择优质、有效的课程资源进行自主学习，从而逐渐养成积极主动的学习习惯，在学习中实现知识的整合和意义连接的学习的同时重构知识结构。而高校学习者已经具备了在学习中进行知识情境的迁移和批判性思维的能力，因此，若深度学习通过混合学习的方式进行推动，能够对学生的高阶思维能力和复杂问题解决能力进行有效提升。由于混合式学习课程资源是在学习过程中由教师及时更新提供的，并且融合了相应知识的文化历史背景，因此，有助于个体在认知过程中基于浅层学习整合已有信息，通过深度思考，使显性知识内化为隐性知识，使学习者真正理解并学会应用。在进行混合式学习课程资源的评价时，要以能够促进学习者高阶思维能力和复杂问题解决能力为考量标准，对课程资源的优劣进行评价，并设定相应的评价指标。通过混合式学习课程资源的建设与利用，能够更好地进行混合式学习，使学生充分发挥和利用好混合式学习课程资源，掌握相应的知识技能，从而促进学习者掌握学习和实现深度学习，达到理想的学习目标和学习效果，也使学生学会终身学习。

第二节　计算机基础课程混合式学习的设计

一、计算机基础课程中混合式学习设计的前期分析

（一）学习需要分析

学习需要是指学习者期望达到的状态与目前状态之间的差距。这个差距揭示了学习者在相关能力素质方面的不足，是教学中实际存在和需要解决的问题。学习需要分析的目的是为制定教学目标提供切实、可靠的依据，使得计算机基础课程采用混合式学习能够满足

社会、学校、学生等方面的要求。

确定学习需要的方法有内部参照需要分析法、外部参照需要分析法以及内外结合需要分析法三种。内部参照需要分析法主要将学习者所在的组织机构内部确定的教学目标（或工作目标）对学习者的期望与学习者学习（或工作）的现状相比较，找出两者之间的差距，从而鉴别学习需要。外部参照需要分析法主要以社会的、职业的要求来确定对学习者的期望值，以此为标准对照学习者的现状，找出两者之间的差距，从而确定学习需要。内外结合需要分析法则兼顾内部、外部两种参照需要分析方法，根据实际情况采用适当的标准来确定学习需要。

计算机基础课程混合式学习的学习需要如下：

一是学习者能够系统了解计算机的操作与使用方法，具备使用常用软件处理日常事务的能力。

二是学习者要了解计算机的基础知识，充分认识信息技术对经济发展、科技进步以及社会环境的深刻影响，积极提高自身信息素养。

三是学习者能够熟练掌握计算机的基本技能，具有使用计算机获取信息、加工信息、传播信息和应用信息的能力。

四是学习者熟悉信息化社会的网络环境，为自主学习、终身学习以及适应未来工作环境奠定良好的基础。

（二）学习者分析

学生进行学习的过程，就是他们对知识进行建构的过程。不同的学生在生理和心理上存在着个体差异，学生对学习内容的理解、反应、领悟的速度等都是不同的，我们需要了解学生的一些初始情况，如已有的相关知识、对计算机操作的技能等，只有在教学设计时做好了学习者分析，才能在教学中真正做到因材施教。

学习者的有用信息主要包括：一是入门技能；二是对该领域已有的知识；三是对教学内容和将采用的教学系统的态度；四是学习动机；五是学业能力水平；六是学习偏好；七是对提供教学机构的态度；八是群体特征。

二、计算机基础课程中混合式学习的过程设计

（一）教学过程的组织

计算机基础课程中混合式学习的教学方式有面对面教学、网络学习和实践三种。如何有机地把三种方式整合起来是混合式学习的关键。

1. 用"任务"衔接三种教学方式

学习任务是学生参与学习的切入点，没有具体的学习任务，学生的自主学习就会流于

形式。教师要精心设计合适的任务，把面对面教学中的知识作为完成任务的基础，让任务成为网络学习的动力，把实践作为检验任务完成的环节。

任务设计时要遵循的原则有：一是紧密结合课程的知识点，从学生学习、工作、生活实际出发，设计操作与应用并重的任务；二是任务要具有引导性，如，通过任务指明知识的重点和难点，通过安排任务之间的顺序强调知识之间的关系，通过任务提示知识实践应用的可能途径等；三是任务设计要具有相对的开放性，即给学生参与任务设计的机会，教师在设计学习任务时主要依据的是自己对学生需要的分析、对课程知识内容的理解，以及已有的经验，难免受一些主观的、先入为主的判断所影响，所以教师要注意征集学生有关学习任务设计的建议与意见；四是给学生提出任务时要明确说明任务的目的、要求、所需知识及时间安排等。

2. 网络学习是面对面教学的延续

说是延续，主要有这样两层含义：一是如果说面对面教学有利于学生信息技术系统知识的掌握、有利于情感的培养，那么网络学习则是培养学生综合应用能力的最优选择。在网络学习中，学生通过自主选择学习内容、参与讨论、自我评测，在主动获取知识的同时，培养了发现问题、分析问题、解决问题的能力；二是网络教学能够很好地弥补面对面教学时间的不足、学生个性的差异等。学生在面对面教学的基础上，根据自身情况通过课程网站、课件等资料有针对性地补习、复习、巩固知识，从而及时解决问题。

教师要根据面对面教学的情况及时地在网络学习平台上给学生提供有针对性的课程资料、教学活动。课程资料除了课程内容之外，还要有辅助学生理解和掌握课程内容的扩展资料、学习指南等。

3. 实践环节的内容要紧密联系面对面教学和网络学习的知识

在实践活动前让学生明确实践的目的、过程、评价方式等。学生做好充分的准备实践才有效果。实践过程中要有教师在一旁指导，也可以请成绩好的学生担任辅导老师。实践活动过后教师一定要组织学生进行实践的总结反思，撰写实践报告。

（二）教学媒体的选择

媒体是教学传播的中介，媒体在沟通教与学两个方面时，其性能对教学效率和效果有一定影响。媒体选择应遵循以下原则：

1. 媒体的选择能准确地呈现信息

由于知识类型的不同，适用的教学媒体也有区别。如讲授"计算机硬件"中的主板构成时，用实物或图片比用文字板书更加具体清楚。

2. 选择的媒体须符合学生实际接受水平

选用的媒体要符合学习者的经验与知识水平，容易被接受和理解。由于计算机的普及，许多学生在学习计算机课程时，已具备一定的计算机使用技能，所以可以使用网络媒体。但网络平台功能如果过分强大复杂，学生则会感到学习困难，这样反而会抑制学生的学习。

3. 选用性价比高的媒体

选用的媒体可以是现成的、容易获得的、付出成本小但效果好的。教学中所选用的媒体，受具体条件、经济能力、师生技能等因素的影响。

计算机基础课程混合式学习中可以采取多种学习方法和学习活动，每种学习活动适用于不同的知识与能力的培养，不同的学习活动需要不同的教学媒体来支撑。在具体学习过程中，每一种活动并不是独立进行的，而是根据内容、学习者、目标的需要和条件有限制地进行混合的。

三、计算机基础课程中混合式学习的支持设计

学习支持的概念来源于远程教育领域，在远程教育中，学习者与教师处于时空分离的状态，在学习中可能遇到与课程内容相关的困难，也可能遇到单纯的学习方法上的困难，还可能遇到情绪与情感上的困难。所以，学习支持是远程教育必不可少的环节之一。

在混合式学习中，由于引入了 e-Learning 的成分，因而学习支持也很有必要。在混合式学习的实施过程中，无论是课堂讲授还是课后辅导，无论是在线学习还是离线学习，无论是集体教学还是小组学习和自学，学生都越来越需要来自教师、学校乃至于社会方面的支持。学生面对混合式学习这样一种全新的教学形式，在课程开始之初的新奇感消失之后难免会感到茫然，所以为他们提供必要的学习支持，特别是学习方法方面的支持显得尤为重要。学习支持主要包括技术支持、学习方法支持、情感支持三个方面。

（一）技术支持

技术支持主要是指与设备和设施相关的服务，包括图书馆设施、视听设施、计算机网络设施等。计算机基础课程的教学中涉及很多操作技能，如 E-mail 的使用等需要用到计算机网络设施，这些与设备和设施相关的技术支持服务在一定程度上可以为学习活动的顺利开展提供保障。

（二）学习方法支持

在混合式学习中，学习者需要适应新的学习方式，修正学习习惯，而这样的调整与适

应并非单纯依靠学习者自身就可以完成的。在具体的教学实践中，教师要不断地提升学习者的学习方法，帮助他们转变观念、调整心态，加深对混合式学习的认知，培养学习者的学习能力。

我们可以有这样一些做法：一是在开课之初即课程导入环节，帮助学习者建立新的学习方式的理念，为他们学习方法的转变奠定思想基础；二是在课程学习中用到某种方法时专门安排时间讲解必需技能，如专门给学生讲解搜索技能、使用论坛技能等；三是在网络课程的论坛中专门开辟学习方法与策略的讨论板块，教师和学生积极参与，生生间相互学习，教师及时指导提点等。

（三）情感支持

情感支持主要指学习者与教师以及学习者之间的情感交流。在学生的学习过程中，对学习者进行情感方面的支持，目的在于帮助学习者解决各种心理和情感方面的问题，缓解精神压力、消除孤独感、增加自信心。这种情感交流能够在学习过程中对学习者起到非智力因素的支持，而非智力因素在学习过程中的支持作用，恰恰是我们在过去的传统教学中容易忽视的地方。师生间、生生间可以当面或者通过 QQ、E-mail 等工具交流学习期间的心理和情感问题。小组活动是混合式学习中一种加强人际交流的有效方式。组织小组活动可以减少学习者的孤独感、增强学习者的认同感、增加学习者的学习动力，而且可以帮助解决学习者在学习过程中遇到的困难和问题，使学习者充分交流和分享学习经验，从而提升学习效果。

四、学习评价设计

教学评价是指依据一定的标准，通过各种策略和相关资料的收集，对教学活动及其效果进行客观衡量和科学判定的系统过程。计算机基础课程中混合式学习的评价是对混合式学习过程及其影响的分析和评定。评价中更应关注学生学习和成长的过程，寻找适合学生发展的学习方式，满足学生知识和能力发展的需要。评价对混合式学习的积极作用是很明显的，但如果评价方法的选用或评价结果的表述不当，都可能对学生的混合式学习产生消极影响。

（一）评价方式

计算机基础课程中混合式学习的评价方式主要有三种：自我评价、相互评价和教师评价。

1. 自我评价

混合式学习中的自我评价主要是指学生自己评价自己。学生通过经常性的自评，不断校准自己的学习行为与学习目标之间的差距，从而更快、更好地实现目标。学生自评还能充分调动他们的积极性，提高他们参与评价的热情，增强他们的主体意识。

自我评价的过程是一个连续的循环往复的过程，它由自我观察、自我检查、自我评定和自我强化组成。每次评价的结果并不意味着评价过程的结束，而是在此基础上，重新调整认识和行为，再次进入自我观察、自我检查、自我评定和自我强化。每次循环都意味着学习认识和知识水平上升到了一个新的层次。混合式学习中的自我评价可以在课堂上由教师组织进行，也可以课后让学生在网络上进行。

2. 相互评价

相互评价主要指协作者之间的互相评价。一个学生在与协作者共同完成一项学习任务时，他的学习态度、学习过程、学习任务的完成情况，是他的协作者比较了解的。进行协作者间的相互评价，可以发挥协作者间的相互监督功能，同时也调动了学生的学习积极性，提高了他们参与协作的主动性，加强了学生协作沟通的能力，使他们能更好地完成协作学习任务。

3. 教师评价

教师评价是以教学大纲为指导，对学生学习过程、学习目标的完成情况进行的评价，以总结性评价为主、形成性评价为辅。对学生学习过程的评价可以采取观察法和学习档案法等，对于学生学习结果的评价可以采取试卷法、作品法和实地考察法等。教师评价应以教学大纲为基础，使大多数学生的最后学习结果基本能达到教学大纲的要求；同时又要有超越教学大纲的部分，能针对部分学习能力强、学习内容已经超越教学大纲的学生进行适当的评价。

（二）评价形式

1. 在线测试

在线测试是计算机网络发展的产物。学习者在计算机上进行答题，计算机可以自行对答案进行判断，学习者也可以查看正确答案。这种评价方式突破了时空的限制，学习者可以根据自己学习的进度情况自行测试，资源得到充分共享，使用效率也得到充分提高。这种评价方式主要用于学习者自评以了解自己知识的掌握情况。

2. 提问

教学过程中一些即时的提问可以了解学习者对一些知识的掌握情况，这种评价方式快速简便，有利于教师及时地获得反馈信息，为下一步教学安排提供重要信息。但提问由于时间等条件的限制，只能对小部分学习者进行评价，不够全面。

3. 书面测验

这种传统的考试评价方式在混合式学习中还是需要的。通过考试，在一定程度上检验学习者对课程知识的掌握程度。但要注意混合式学习的评价指标中考试成绩只是其中一个部分，学生能力培养也是评价指标中重要组成部分。

4. 观察法

在混合式学习过程中，评价者可仔细观察学生的行为表现进行评价，包括课堂发言，交流参与程度，论坛上发帖交流的次数及质量，等等。观察法评价具有一定的局限性，评价者不可能观察到学习者学习的全过程，只能是其中的一部分，这样可能会导致评价的片面性。故评价者要注意并尽量避免这样的情况。

5. 问卷调查

问卷被广泛地应用在调查中，评价者可以利用现成的或者自制的问卷来了解被调查者对相关问题的态度、满意度等。问卷题目形式也有很多种，如单选、多选或主观题。可以通过问卷了解学习者对计算机基础课程采用混合式学习方式的满意度，哪些方式比较好，哪些方式不喜欢，有什么改进意见等。

6. 访谈法

访谈是通过与学习者口头交谈，收集资料进行评价的方法。访谈可以获得较为真实的资料，也可以对一些问题做更深入的了解。但访谈法使用时要注意轻松氛围的营造，以利于被访谈者真实地回答问题。

7. 活动记录

混合式学习中的活动记录是指通过学习者在论坛上发表帖子的数量、质量、上线次数等记录进行评价的方式。在线学习与交流是混合式学习中重要的学习方式之一，这种评价方式侧重对学习过程的评价。

8. 学习档案

学习档案主要是指展示学生在学习过程中所做的努力、取得的进步以及反思学习成果的一种集合体。计算机基础课程的混合式学习档案主要是学生在计算机基础课程学习中的反思记录、总结报告、案例分析报告、小论文等作品的集合，学习档案能够使学习者看到自己发展的轨迹，以更好地确定学习任务、反思学习效果、促进学习效能。

（三）评价特点

1. 评价主体多元化

计算机基础课程中混合式学习的评价主体是多元的。评价者可以是一个教师，也可以是一群教师组成的小组；可以是学生个人，也可以是学生小组等。混合式学习中的自主学习活动、协作学习活动，学生比教师更能真正地评价它的内容，评价它的实施过程是否满足了他们的需要。

2. 评价内容多面化

计算机基础课程混合式学习评价是注重全面性的评价，评价项目涉及认知领域、情感领域和技能领域，应从学生的认知、情感、能力、态度、行为等多方面多视角进行综合评价。具体可以包括如下几个方面：学生参与混合式学习的态度；学生在混合式学习中的合作精神和合作能力；学生在混合式学习过程中获得的体验情况；学生创新精神和实践能力的发展情况；学生对学习方法和技能的掌握情况；学生的学习成果等。

3. 评价形式多样化

成功的混合式学习评价必须运用形成性评价与总结性评价、定量评价与定性评价、自我评价与他人评价、口头评价与书面评价等多种形式。具体的评价方法也有很多，如评语、座谈、讨论、答辩等，实际应用时还要根据具体的评价目标和评价情境而定。

4. 评价融入教学过程

传统评价通常在教学过程之后，与教学活动相分离，混合式学习的评价强调教学后的评价，也注重教学过程中的评价。

第三节　计算机基础课程混合式学习的实践

一、教学实践对象

大学计算机基础课是一年级开设的公共基础课。学校有校网，学生都可以在多媒体网络教室上课。

实验班的过程是这样的，具体的实践分成了四个阶段：第一阶段是前期的准备阶段，主要包括分析学习者、分析教学内容；第二阶段是方案的设计阶段，根据混合式学习的思想，结合本学期的教学内容制订具体的教学实施方案；第三阶段是实施阶段，方案的效果如何只能在运用中得到检验，同时，在具体的教学情景中方案也不是一成不变的，而是根据实际情况调整，但基本思想不变；第四阶段是评价总结阶段，可以从课堂学生情况、学生满意度等方面对方案进行评价。

二、课程前期分析

（一）课程培养目标

课程目标是指特定阶段的学校课程所要达到的预期结果，它对学生身心的全面、主动发展起着导向、调控的作用。这里从"知识与技能""过程与方法""情感态度与价值观"三方面提出了目标要求，构成新课程的"三维目标"。新课程的"三维目标"指向学生全面发展，注重学生在品德、才智、审美等方面的成长。

1. 知识与技能目标

一是认知类目标。掌握计算机的基本原理和相关知识。包括信息、信息技术、信息社会的概念及发展，信息的采集、表示、转换和传递；计算机系统的组成，微机的硬件组成和主要技术指标，集成电路的发展及其微机的工作原理；计算机软件发展分类，系统软件、应用软件的概念功能；数字文本、数字声音、数字图像和图形以及数字视频等多媒体技术的相关概念、原理和功能；网络的定义、分类、体系结构、传输介质、网络传输协议、数据通信及网络安全等概念。

二是应用技能类目标。掌握计算机的基本应用技能。包括 Windows 的使用技能；

office、Excel、PowerPoint 软件的使用技能；IE 浏览器及其邮件收发技能；网页网站的设计制作技能。另外，还应掌握信息的获取、存储、加工、处理、传递表达等技能，掌握与人交流、沟通协作的技能等。

2. 过程与方法目标

掌握自主学习、协作学习、问题解决等学习活动的过程与方法；理解自主学习、协作学习等学习方式给我们的学习生活带来的影响和变化。

3. 情感态度与价值观目标

培养学习计算机知识的兴趣，培养在工作、学习、生活中自觉地应用信息技术的意识；能辩证地认识计算机技术对社会发展、科技进步和日常生活学习的影响；培养正确的现代学习观念、科学精神和科学态度、社会责任感和使命感、与人合作的团队精神以及创造精神。

（二）学习内容分析

大学计算机基础课是一门理论与实践并重的课程，根据课程本身的特点，课程内容大体可以分为两个部分：

一是计算机基础知识。主要包括计算机信息技术概述、计算机硬件基础、计算机软件基础、多媒体技术、计算机网络等模块。

二是计算机基本操作。主要包括 Windows 操作系统、电子邮件及 IE 浏览器的使用、Word、Excel、PowerPoint 等模块。

三、教学组织与实施

（一）课程导入

进行混合式学习，课程的导入十分重要，我们将课前准备及第一堂课称为课程导入。传统的课堂老师都会在第一次课上进行自我介绍以及对该课程的教学目标和内容、评价方式等做简要介绍，但混合式学习的导入课要求更高。计算机基础课程混合式学习的课程导入大致如下：

一是教师进行自我介绍，并且告知学生自己的联系方式，如 E-mail 地址等，让学生知道教师很愿意与他们多交流，有学习上甚至生活上的问题都可以和教师交流。

二是介绍计算机基础课程的目标和大概内容、课程考查方式，并以生活中的应用实例让学生感受这门课程对他们的重要性，增强他们学习的动力。当然学习内容中重难点的提示也是必需的，并要求学生做好记录，让他们一开始就在心理上有所准备并保持高度的重视。

三是告知学生课程的学习方式，如教学中用到自主学习，要让学生明白培养自主学习能力相当重要，现代社会单纯依靠在学校里学到的知识是远远不够的，更重要的是在将来的工作生活中不断地自主学习所需要的新知识。未来的文盲就是那些不会学习的人。把将要用到的学习方式跟学生解释，让他们清楚各种学习方式的好处及其注意点，这样就可以从心理上克服学生对一些学习方式的陌生和恐惧感。

四是告知学生预备技能培训计划，这是有别于传统课堂教学的重要环节。本课程中的预备技能主要包括电子邮件、论坛等的使用技能，指导学生注册并尝试使用。

五是告知学生课程教学过程中将以小组的形式进行讨论交流。讨论的内容是对该课程的看法，为课程后面要进行的协作学习打下基础。小组交流时，会让各组派代表发言，这其实就是学生和学生、学生和教师之间交流的过程。

（二）学习支持

1. 学习支持环境

学习支持环境是课程网络教学平台。在正式课程开始之前的导入课上，教师就对教学平台的使用技能包括如何注册、如何下载资源等问题进行示范和讲解。平台主要有公告栏、课程学习、拓展知识、下载区和论坛五个模块。

2. 学习支持内容

第一，公告栏用于及时地发布课程相关信息，提醒学生注意。

第二，课程学习模块主要提供计算机基础课程的电子幻灯片、教学视频和在线习题。可支持学习者课前预习、自主学习及学习后的自我测试评价。

第三，拓展知识模块主要用于支持学习者学习与课程相关但在教材之外的知识。教师可以根据学生需要及时添加拓展知识，学生在课堂内外都可以进行学习，十分方便。

第四，下载区提供了丰富的可供学习者下载的内容，有案例下载、学生作品下载、实验指导下载、常用软件下载和教学资源下载等。学生学习 Word、Excel 时往往缺少学习案例，而教师在课堂短暂的展示不能让学生充分把握案例的精髓，把案例放在网络平台上让学生根据自己需要随时下载学习，有利于学生自主学习。学生作品下载是把本班优秀的学生作品在平台上展示，这既是对优秀学生的鼓励，也是对其他学生的鞭策。

第五，论坛模块里分四个讨论区，分别是优秀网站推荐区、基础知识讨论区、基本技能讨论区和自由讨论区。优秀网站推荐区是平时学习过程中发现的好的网址；基础知识和基本技能讨论区讨论的是在学习计算机基础课程过程中的热点问题；自由讨论区是师生之间、生生之间交流情感的地方。

第六，利用QQ、微信、电子邮件、电话等通信方式进行辅导和交流。

参考文献

[1] 佘玉梅，段鹏．人工智能原理及应用 [M]．上海：上海交通大学出版社，2018.

[2] 王永庆．人工智能原理与方法修订版 [M]．西安：西安交通大学出版社，2018.

[3] 徐龙章．人工智能应用丛书智慧城市建设与实践 [M]．北京：中国铁道出版社，2018.

[4] 许磊．人工智能与创新创业 [M]．北京：电子工业出版社，2018.

[5] 修春波．普通高等教育"十三五"规划教材人工智能技术 [M]．北京：机械工业出版社，2018.

[6] 郝兴伟．大学计算机计算机应用的视角 [M]．济南：山东大学出版社，2018.

[7] 徐先玲，靳轶乔．计算机的神奇魅力 [M]．北京：中国商业出版社，2018.

[8] 赵晓霞．计算机基础教学的现状和发展趋势研究 [M]．北京：冶金工业出版社，2019.

[9] 刘鹏，张玉宏．人工智能 [M]．北京：高等教育出版社，2019.

[10] 张泽谦．人工智能 [M]．北京：人民邮电出版社，2019.

[11] 陈晓华，吴家富．人工智能重塑世界 [M]．北京：人民邮电出版社，2019.

[12] 肖正兴，聂哲．人工智能应用基础 [M]．北京：高等教育出版社，2019.

[13] 钱银中．人工智能导论 [M]．北京：高等教育出版社，2019.

[14] 朱慧，刘鹏．小天才学人工智能 [M]．北京：清华大学出版社，2019.

[15] 王华树．人工智能时代翻译技术研究 [M]．北京：知识产权出版社，2020.

[16] 鹿晓丹，蒋彪．从物联网到人工智能 [M]．杭州：浙江大学出版社，2020.

[17] 吴飞．人工智能导论 [M]．北京：高等教育出版社，2020.

[18] 王万良．人工智能通识教程 [M]．北京：清华大学出版社，2020.

[19] 王振杰，周萍．人工智能应用技术 [M]．北京：文化发展出版社，2020.

[20] 兰海越，赵满明，张海涛．人工智能初探 [M]．北京：人民邮电出版社，2020.

[21] 曾凌静，黄金凤．人工智能与大数据导论 [M]．成都：电子科技大学出版社，2020.

[22] 吴良辉．青少年人工智能编程 [M]．北京：人民邮电出版社，2020.

[23] 郭骏，陈优广．大学人工智能基础 [M]．上海：华东师范大学出版社，2021.

[24] 吕云翔．人工智能专业英语 [M]．北京：清华大学出版社，2021.

[25] 鲍亮，崔江涛，李倩作. 人工智能技术丛书实战机器学习 [M]. 北京：清华大学出版社，2021.

[26] 谢中梅，孔外平，李琳. 计算机应用与数据分析人工智能 [M]. 北京：电子工业出版社，2021.

[27] 惠军华，刘鹏. 知识表示与处理 [M]. 北京：电子工业出版社，2021.

[28] 毛宏云，孔外平，李琳. 计算机应用与数据分析＋人工智能项目实践教程 [M]. 北京：电子工业出版社，2021.

[29] 王冬青，韩后. 人工智能时代的智慧课堂数据采集与可视化分析 [M]. 北京：科学出版社，2021.

[30] 管杰，张悦. 人工智能认知与青少年编程（初中版）[M]. 上海：上海交通大学出版社，2021.

[31] 王教凯. 人工智能与科技智造创新实践 [M]. 北京：机械工业出版社，2021.